EUROPEAN SHOP FACADE

ヨーロピアン ショップ ファサード

CONTENTS 目次

- 004　**PARIS** ―パリ・フランス―
  - 006　1区　歴史とトレンドを感じさせるパリの中心地
  - 014　2区　オスマン調のファサードが連続するオペラ通り
  - 018　3区　新たなモードを切り開くマレ地区
  - 025　Report 01／パリの核をなす1区〜4区
  - 026　5区　左岸に広がるカルチェ・ラタン
  - 032　6区　老舗カフェが今も賑わうサンジェルマン・デ・プレ
  - 044　7区　ギュスターヴ・エッフェルが手掛けた老舗デパート
  - 047　Report 02／ヨーロッパの文化を育む5〜7区
  - 048　8区　パリの歴史軸を貫くシャンゼリゼ通り
  - 058　11区　"最新"の先を行くオベルカンフ地区
  - 065　Report 03／19世紀の都市計画を反映する8〜12区
  - 066　14区　エコール・ド・パリの文化が花開いたモンパルナス
  - 081　Report 04／新たなパリの建築を模索した13〜15区
  - 082　17区　高級住宅街と下町を併せ持つ街
  - 086　18区　ベルエポックの栄華を今に伝えるムーラン・ルージュ
  - 101　Report 05／世界のカルチャーが交錯する16〜20区

- 102　**BERLIN** ―ベルリン・ドイツ―

- 142　**MILAN** ―ミラノ・イタリア―

- 170　**COPENHAGEN** ―コペンハーゲン・デンマーク―

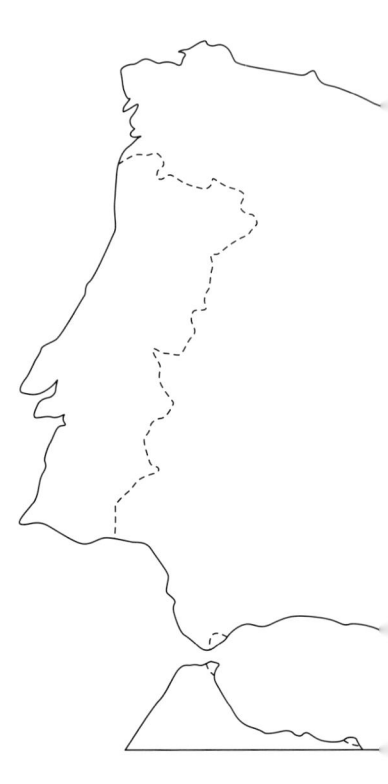

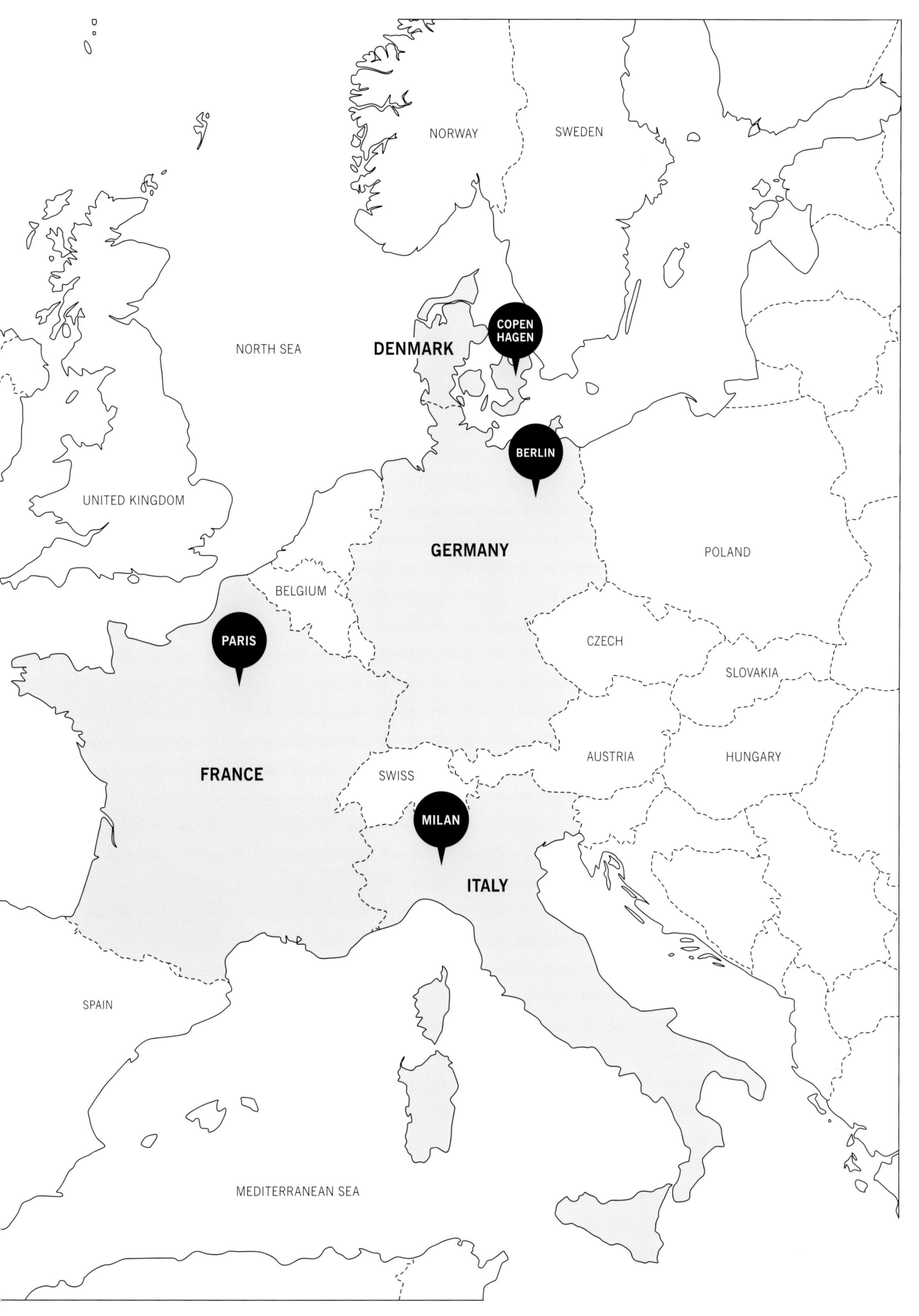

■ ■ FRANCE

パリ・フランス
PARIS

ヨーロッパの"顔"として輝き続ける花の都

約2500年の歴史を持ち、ヨーロッパを代表する芸術・文化の舞台として今もなお君臨する世界都市、パリ。
街には、ルーヴル美術館(Musée du Louvre)をはじめとした数多くのミュージアムがあり、至る所で歴史を感じさせる。
また、パリ・コレクションに参加するメゾンや、三つ星レストラン、「パラス」と称されるホテルなど、
衣・食・住のすべてに関する文化が、世界から注目を集め続けている。
セーヌ川を挟んで渦を巻くように構成された20の行政区から、特徴あるエリアを紹介。
更に、各区をカフェ、レストラン、バー、ブティック、物販店など、ジャンルごとにまとめた。
ショップ ファサードを通して、それぞれの区が持つ"顔"を探る。

エトワール凱旋門(Arc de triomphe de l'Etoile)。門を中心に12の通りが放射状に広がる。その中の1本がシャンゼリゼ通り(L'Avenue des Champs-Èlysées)だ。

1ᵉ Arrondissement de Paris
"Le Louvre"

歴史とトレンドを感じさせる
パリの中心地
パリ・1区

歴史あるパリ1区では、ヴァンドーム広場（Place Vendôme）やサントノーレ通り（Rue Saint-Honoré）などで高級ブティックが店を構えている。

ルーヴル美術館（Musée du Louvre）から一本入ったサントノーレ通り（Rue Saint-Honoré）には、エルメス本店などフランスを代表するブランドが並ぶ。

1. ルーヴル美術館のあるチュイルリー庭園に面したリヴォリ通り／Street "Rue de Rivoli"
2. ブティック／Boutique "minaPoe"
3. 宝石店／Jewelry Shop "LYDIA COURTEILLE"
4. 眼鏡店／Opticians "LAFONT"
5. 美容品店／Beauty Store "PENHALIGON'S"
6. ブティック／Boutique "E.GOYARD"
7. 鞄店／Bag Shop "B.BIBERON & FILS"

PARIS・FRANCE／パリ・フランス

写真7は、ルイ14世が使用していたパレ・ロワイヤル（Palais Royal）の中庭に面したカフェ＆バー。

1. レストラン／Restaurant "BISTROT DU 1er"
2. カフェ／Cafe "café Palais Royal"
3. カフェ／Cafe "Rivoli Park"
4. カフェ／Cafe "café étlenne"
5. レストラン／Restaurant "MONTORGUEIL"
6. "MONTORGUEIL"のサイン／Sign
7. カフェ＆バー／Cafe & Bar

サントノーレ通り近辺の物販店。写真1の売店は、芸術家の教会と言われるサン・ロック教会（Église Saint-Roch）に隣接する。

1. 売店／Kiosk
2. 酒屋／Liquor Store "caviste contemporain"
3. 総菜店／Deli Shop
4. パン＆菓子店／Bakery & Confectionery "YN"
5. チョコレート店／Chocolate Shop "JEAN-PAUL HÉVIN"
6. 青果店／Greengrocer "LES VERGERS PRIMEURS"
7. 美容室／Hair Salon "A LA TÉTE DU CLIENT"
8. ホテル／Hotel
9. ブティック／Boutique "MARC BY MARC JACOBS"
10. 宝石店／Jewelry Shop "DARY'S"
11. ホテル／Hotel "HOTEL DU LOUVRE"
12. ホテル／Hotel "Le Relais Saint-Honoré"

PARIS・FRANCE／パリ・フランス

2ᵉ Arrondissement de Paris
"La Bourse"

オスマン調のファサードが連続する
オペラ通り

パリ・2区

設計者の名を冠したガルニエ宮（Palais Garnier）とも呼ばれるオペラ座（l'Opéra）に続く街並み。

PARIS・FRANCE／パリ・フランス

2区のレストラン。写真9の"LA BOVIDA"では、プロユースの調理器具を扱っている。

1. レストラン／Restaurant "BISTRO ROMAIN"
2. レストラン／Restaurant "Noura"
3. レストラン／Restaurant "Le MARIVAUX"
4. カフェ＆レストラン／Cafe & Restaurant
5. チョコレート店／
   Chocolate Shop "DEBAUVE & GALLAIS"
6〜8. レストランのサイン／Sign of Restaurant
9. 食器店／Cutlery Shop "LA BOVIDA"

3e

Arrondissement de Paris
"Le Temple"

新たなモードを切り開く
マレ地区

パリ・3区

3区から4区にかけて広がるマレ地区には、
新進気鋭のファッションブランドが並ぶ。

1. ブティック／
   Boutique "Zadig & Voltaire"
2. 香水店／Perfume Shop "diptyque"
3. 宝石店／Jewelry Shop "BABYLONE"
4. 香水店／Perfume Shop
   "L'Artisan Parfumeur"
5. 宝石店／Jewelry Shop "GAVILANE"

PARIS・FRANCE／パリ・フランス

マレ地区のブティックや物販店。17世紀頃、この地区は貴族が住んでいた場所であり、
当時の邸宅が数多く現存している。

1. 雑貨店／Variety Store "HIER POUR DEMAIN"
2. 化粧品店／Cosmetic Store "Kiehl's"
3. 靴店／Shoe Shop "CAMPER"
4. 香水店／Perfume Shop "L'Artisan Parfumeur"
5. ブティック／Boutique "ekyog"
6. 子供服＆玩具店／Children's Clothing & Toyshop
7. 美容品店／Beauty Store "L'OCCITANE"

6

L'OCCITANE
EN PROVENCE
7

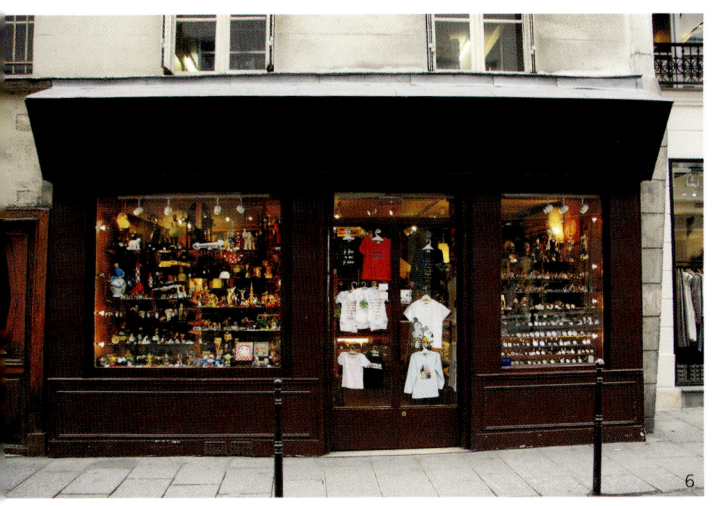

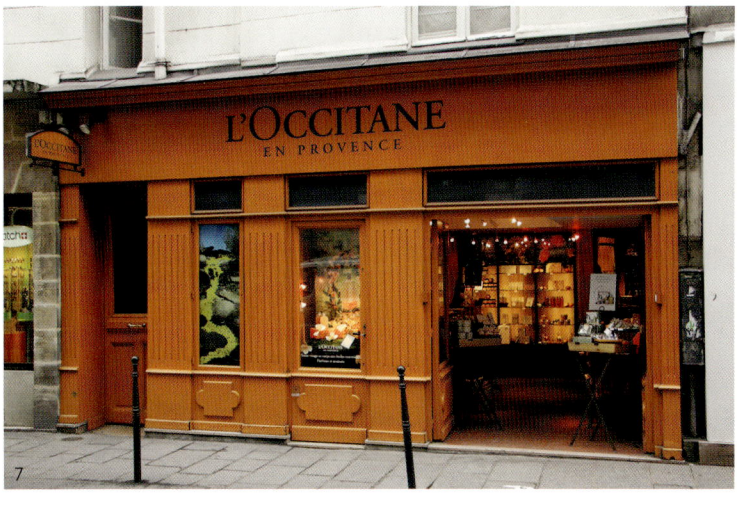

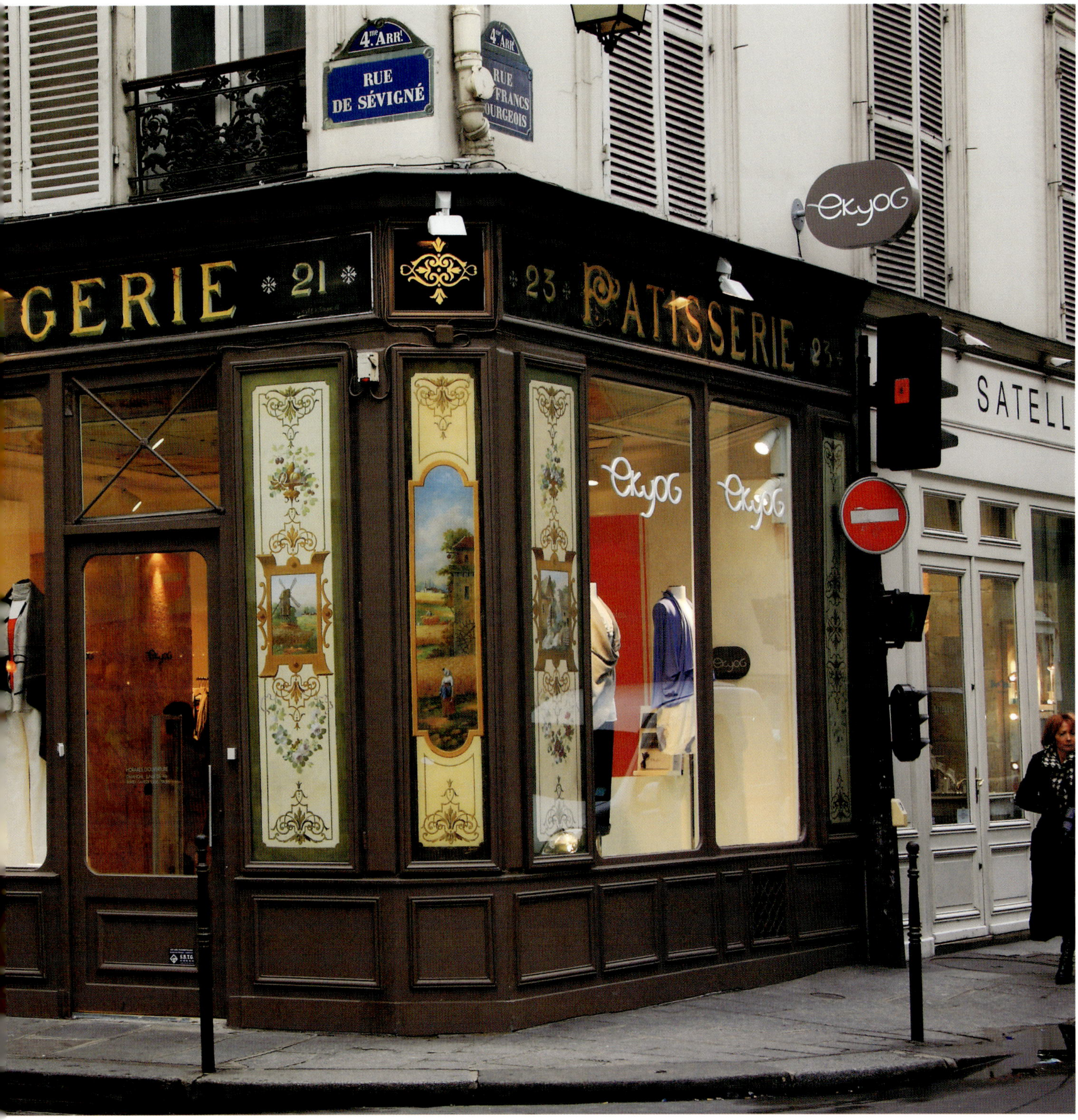
4e ARR.
RUE
DE SÉVIGNÉ
GERIE 21
23 PATISSERIE 23
ekyog
SATELL

PARIS・FRANCE／パリ・フランス

3区のカフェ。写真1にあるBOULANGERIEとは、ベーカリーの意味。

1. パン＆菓子店／Bakery & Confectionery
2. バー／Bar "LES ETAGÉS"
3. カフェ／Cafe "LE VOLTIGEUR"
4. レストラン／Restaurant "MA BOURGOGNE"
5. パン＆菓子店／Bakery & Confectionery
   "SACHA FINKELSZTAJN"
6. カフェ＆レストラン／Cafe & Restaurant

PARIS・FRANCE／パリ・フランス

3区のレストラン。レストランで提供されるパンは、近隣のベーカリーから買い付けたもの。

1. カフェ＆レストラン／Cafe & Restaurant "royal turenne"
2. カフェ＆レストラン／Cafe & Restaurant "L'ETOILE MANQUANTE"
3. カフェ＆レストラン／Cate & Restaurant "LA PERLE"
4. レストラン／Restaurant "L'Orée du Marais"
5. "L'Orée du Marais"のサイン／Sign

REPORT 01

パリの核をなす1〜4区

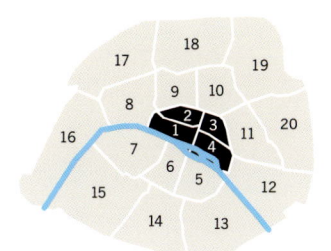

シテ島を中心に発展を遂げたパリは、1789年に市政化され、1795年、12の行政区に分割された。
その後、1860年に拡張され、現在の行政区に再分割されている。
このレポートでは、パリの中心、セーヌ川右岸側に位置する1〜4区を紹介する。

ヨーロッパの歴史を見続ける1区

1区は、かつてフランス国王フランソワ1世が計画した宮殿であり、現在は美術館として使用されている「ルーヴル」を抱える、パリを代表する行政区の一つだ。ルーヴル以外にも、太陽王ルイ14世を称える「ヴァンドーム広場」やジャック・ルメルシエが設計した「サン・ロック教会」など、パリの歴史を彩る建物が数多く存在する。リヴォリ通りに面したパラス・ホテル「ル・ムーリス」も、ヨーロッパを動かす舞台の一つであり、世界中の貴族の宿泊記録が残されている。今でもその輝きは色褪せておらず、夜になると、ホテルの前には黒塗りの車が列をなす。
セーヌ川沿いには「テュイルリー庭園」が広がり、パリ中心部にありながら緑が多い。ルーヴル美術館に隣接するこの庭園内には、さまざまな美術品が展示され、パリ・コレクションの会場の一つとしても使用されている。この区には、ル・ムーリスや「ホテル・リッツ」をはじめとしたホテルや、「シャネル本店」などパリを代表する高級ブランドが店を構えている。ヴァンドーム広場やサント・ノーレ通りは、シャンゼリゼ通りと双璧をなす世界的な商業地区だ。

飲食店が賑わいを見せる2区

2区は、パリ市の中で最も小さい区である。この区は、多くのパサージュが現存していることが特徴だ。パサージュとはアーケード付きの商店街のことで、「ギャルリ・ヴィヴィエンヌ」や「パサージュ・デュ・グラン・セール」などが有名である。パサージュ内には、ワインショップや古本屋など、趣に合った店舗が並ぶ。シャトレーレ・アル駅から北側に延びたモントルグイユ通りは、カフェやレストラン、食材店が並ぶ"食の通り"だ。1878年にはモネがこの通りの賑わいを描いており、老舗の飲食店も少なくない。駅のある複合商業施設「フォーラム・デ・アル」は、中央市場を再開発してつくられたものであり、ヨーロッパ最大級の地下街が広がる。
1区や8区と並んで、和食店が多いことも特徴で、オペラ座近辺のサンタンヌ通りは「日本通り」とも呼ばれている。近隣の日系企業に勤める人々が足を運ぶような、日本に本店を持つ本格的な和食店もあれば、地元住民が楽しむ創作和食店もある。

ファッションの新たな流れが生まれる3区

3区の北東部にあるレピュブリック広場は、当時のセーヌ県知事、ジョルジュ・オスマンが手掛けた都市整備計画「パリ改造」の一環としてつくられた。パリ改造とは、新たにつくられた広場を軸とし、放射状に大通りを敷設するというもので、上下水道もこの時に施設された。大通りに面した建物の高さやファサードについても一定の法律が定められ、現在のパリ中心部の街並みは、この法律を引き継いだものとなっている。
レピュブリック広場は、中央に共和国制の象徴としてマリアンヌ像が立ち、マニュフェスタシオン(デモ)を行う広場としても有名。現在は自動車交通の要所となっているが、2013年を目処に歩行者の憩いの場所に生まれ変わる予定である。
3区から4区にかけて広がるマレ地区には、多くのファッションブランドが軒を連ねている。サント・ノーレ通りやシャンゼリゼ通りに店を構える高級ブティックとは異なり、フラン・ブルジョワ通りには若手デザイナーの店も多い。北マレ地区には、更に高感度のブティックが点在し、新たなカルチャーが生まれる場所として注目されている。

歴史的建造物と現代建築が対照的な4区

セーヌ川の中州であるシテ島は、1区と4区にまたがっており、ノートルダム大聖堂は4区にある。1163年に着工し、1345年に完成したこの大聖堂は、1804年にナポレオンが戴冠式を行い、1831年に発表されたヴィクトル・ユーゴーの小説で描かれたことで有名。塔部分は展望台になっており、パリの街並みを一望することができる。
4区のランビュトー駅前には、レンゾ・ピアノとリチャード・ロジャースが設計した国立美術文化施設「ポンピドゥー・センター」がある。オスマン調の街並みの中では現代的な建物に見えるが、1977年に開館しており、当時の市民に与えたインパクトは想像に難くない。

A／1区、ルーヴル美術館／Musée du Louvre　B／2区、モントルグイユ通りの和食店／Japenese Restaurant "PLANET SUSHI"　C／3区から4区にあるマレ地区(Mare)の街並み／Street　D／4区、シテ島に建つノートルダム大聖堂／Cathédrale Notre-Dame de Paris

5ᵉ
Arrondissement de Paris
"L'Observatoire"

左岸に広がるカルチェ・ラタン
パリ・5区

左岸にあたる5区(左)と4区の間を流れるセーヌ川(Seine)。

PARIS・FRANCE／パリ・フランス

5区、6区には数多くの大学があり、一帯をカルチェ・ラタン（Quartier Latin）という。

1. 額縁店／Picture-framing Shop "Atelier Saint Jacques"
2. アンティーク店／Antique Store
3. 本屋／Bookstore
4. 本屋／Bookstore "GIBERT JOSEPH"
5. スーパーマーケット／Supermarket "MONOPRIX"
6. 玩具店／Toyshop "Jouets Bass"

MONOPRIX
5

Jouets Bass
6

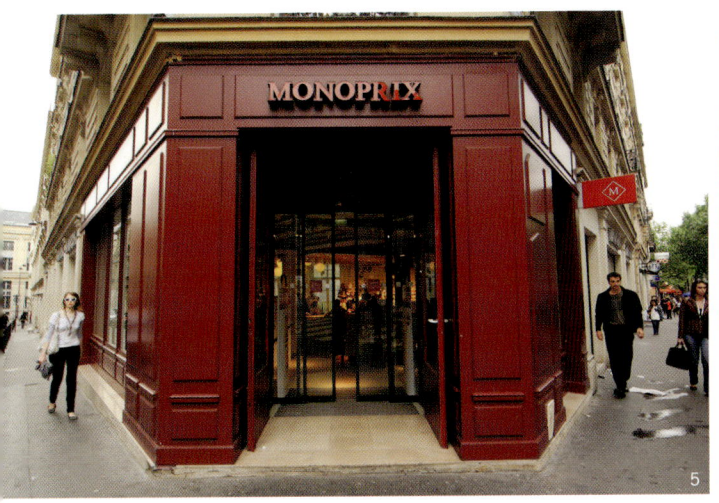

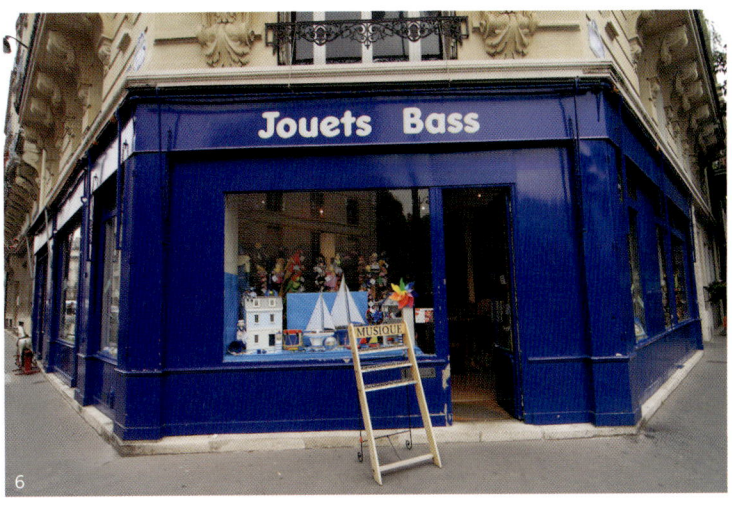

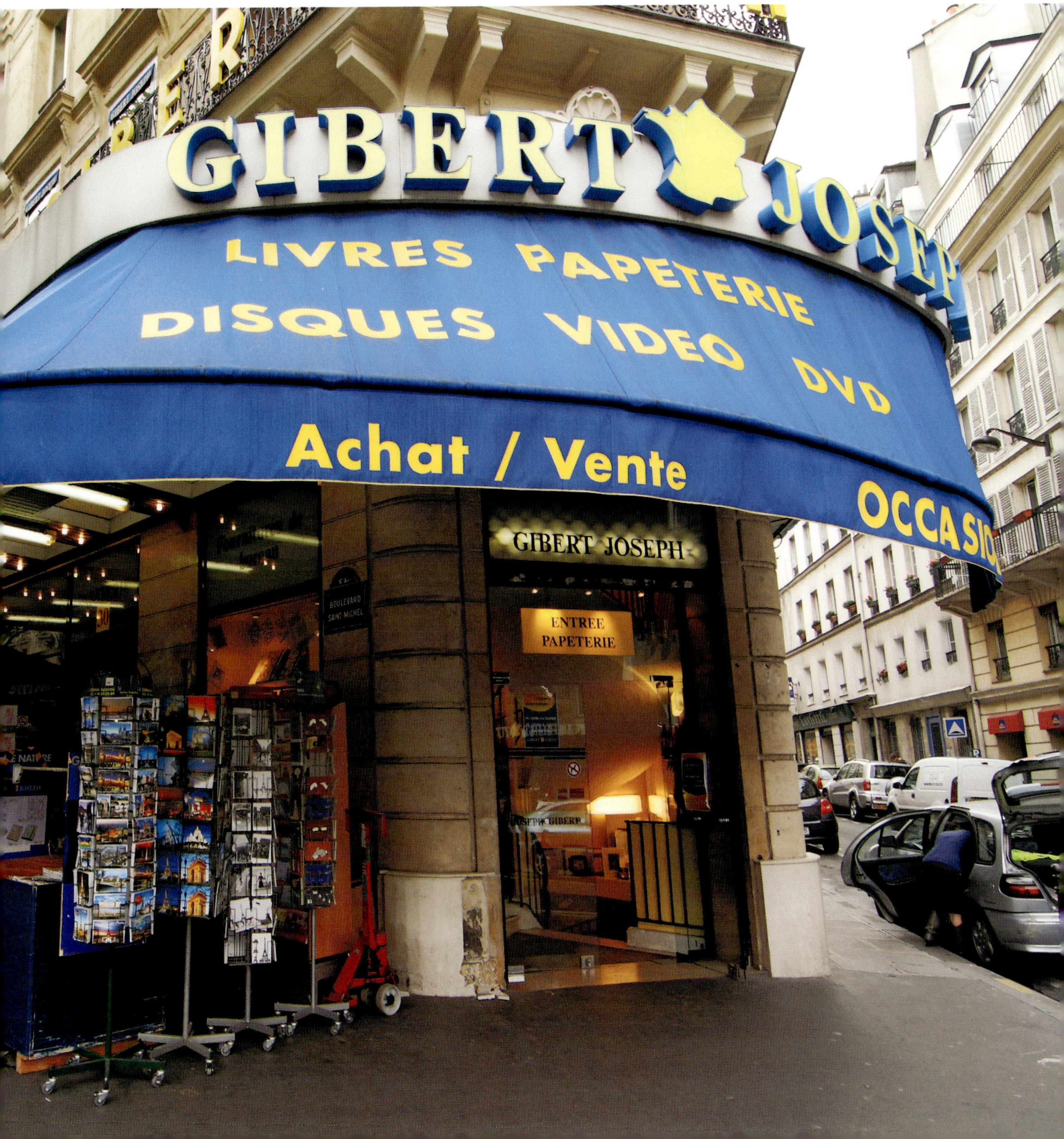
GIBERT
LIVRES PAPETERIE
DISQUES VIDEO DVD
Achat / Vente
GIBERT JOSEPH
ENTREE
PAPETERIE

カルチェ・ラタン（Quartier Latin）は、手頃なビストロが多いエリアだ。

1. 花屋／Florists "Gérard Hillion"
2. 花屋／Florists "thalie"
3. 肉屋／Butcher "BOUCHERIE SAINT JACQUES"
4. パン＆菓子店／Bakery & Confectionery "Piccadis"
5. パン屋／Bakery "L'Epi d'Or"
6. カフェ＆バー／Cafe & Bar "LA BONBONNIERE"
7. レストラン／Restaurant "Les Papilles"
8. レストラン／Restaurant "LE MARIGNY"
9. レストラン／Restaurant "LA FONTAINE ST MICHEL"
10. カフェ＆レストラン／Cafe & Restaurant "LE GAY LUSSAC"
11. レストラン／Restaurant "La pujja"

6e
Arrondissement de Paris
"Le Luxembourg"

老舗カフェが今も賑わう
サンジェルマン・デ・プレ

パリ・6区

6世紀に創建されたサンジェルマン教会（Saint-Germain des Prés）を中心に、プチホテルや庶民的なレストランが並ぶ6区。

1. 15区のモンパルナスタワー（Tour Montparnasse）へと続くレンヌ通り（Rue de Rennes）
2. レストラン／Restaurant "La Gentilhommiére"
3. レストラン／Restaurant "ALBERTO"
4. レストラン／Restaurant "MORTPARRASSE 1900"
5. レストラン／Restaurant "PIZZA PINO"
6. レストランのサイン／Sign of Restaurant

le comptoir
Relais Saint-Germain

A LA DUCHESSE ANNE
CREPES RESTAURANT SANDWICHS
2

3

75
4

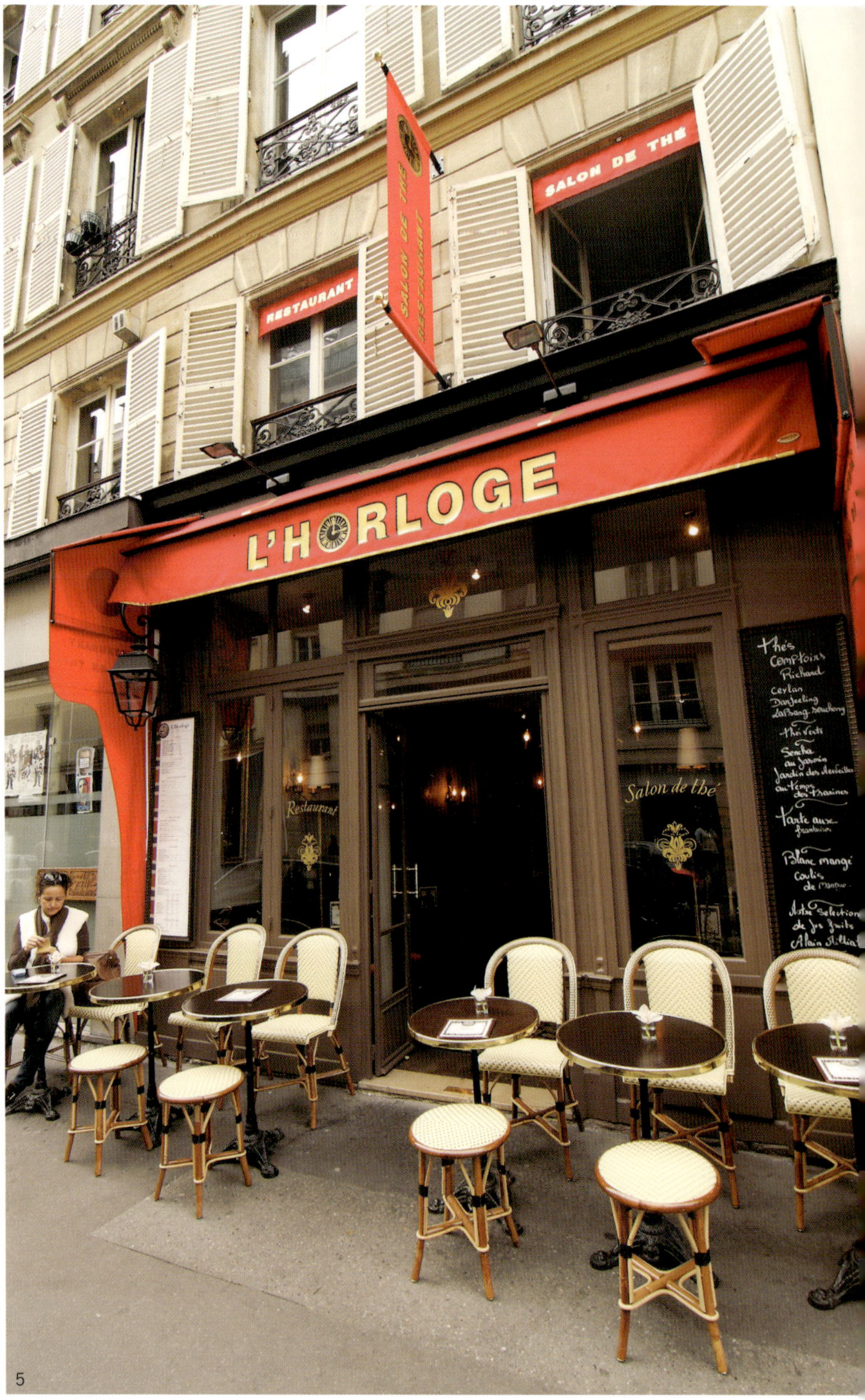
SALON DE THÉ
RESTAURANT
L'HORLOGE
Salon de thé
Restaurant
5

6

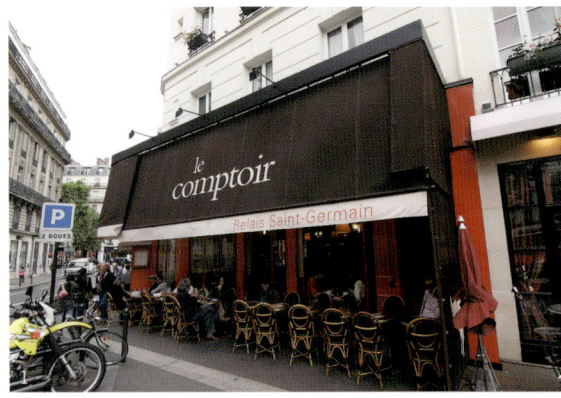

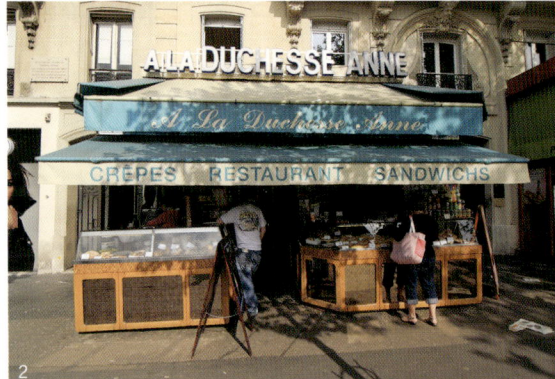

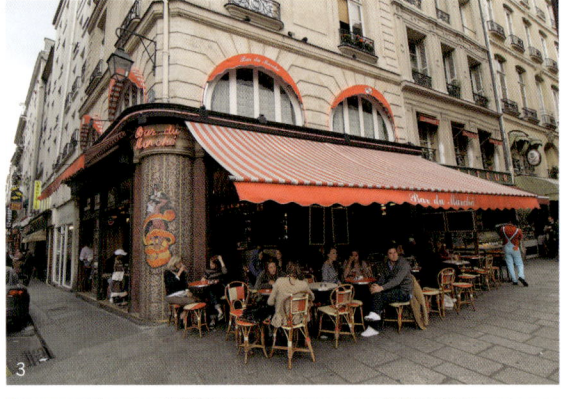

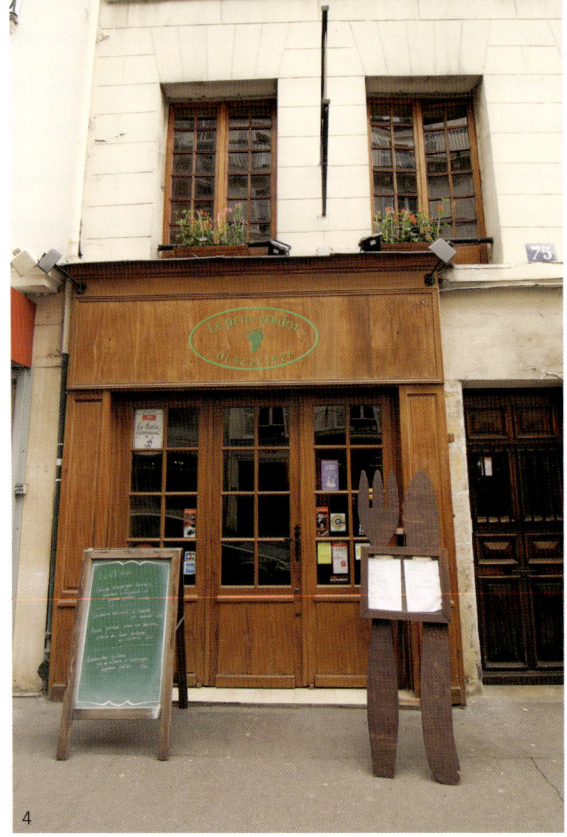

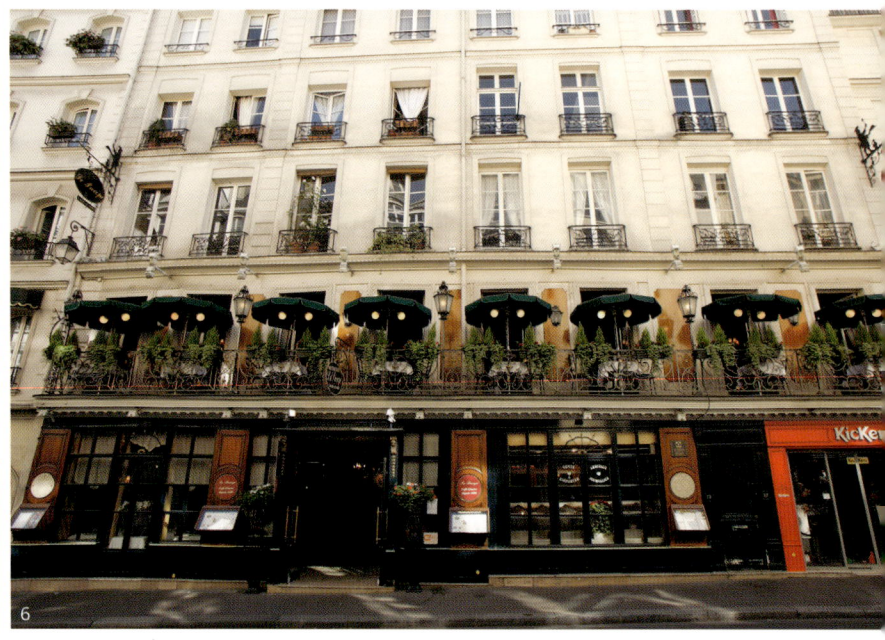

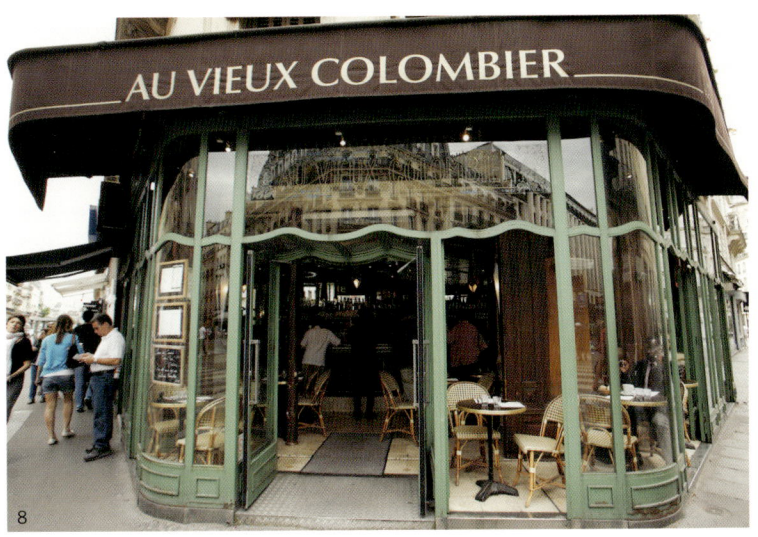

通りに迫り出したテラス席は、昼頃から夜遅くまで賑わいを見せ、通りに活気をもたらす。

1. レストラン／Restaurant "le comptoir"
2. レストラン／Restaurant "A LA DUCHESSE ANNE"
3. バー／Bar "Bar du Marché"
4. レストラン／Restaurant "LE PETIT VERDOT"
5. レストラン／Restaurant "L'HORLOGE"
6. レストラン／Restaurant
7. レストラン＆バー／Restaurant & Bar "L'HORIZON"
8. カフェ＆レストラン／Cafe & Restaurant "AU VIEUX COLOMBIER"
9. カフェ＆レストラン／Cafe & Restaurant "DANTON"
10. カフェ＆レストラン／Cafe & Restaurant "HORSE'S TAVERN"
11. カフェ＆レストラン／Cafe & Restaurant "LES ÉDITEURS"

6区のカフェ。写真1のCAFE DE FLOREや写真9のLES DEUX MAGOTSには、かつてサルトルなど哲学者や作家が集っていた。

1. カフェ／Cafe "CAFE DE FLORE"
2. カフェ／Cafe "LE CABRIOLET"
3、4. カフェ／Cafe "le clou de Paris"
5. カフェ／Cafe "CAFÉ DU METRO"
6. カフェ／Cafe "CAFE DE LA MAIRIE"
7. カフェ／Cafe "La Ruche"
8. カフェ＆レストラン／Cafe & Restaurant "AU BAROUDEUR"
9. カフェ／Cafe "LES DEUX MAGOTS"

CAFE
CAFE
METRO
5

CAFE DE LA MAIRIE
6

CAFE
La Ruche
CAFE
7

AU BAROUDEUR
AU BAROUDEUR
8

LES DEUX MAGOTS
9

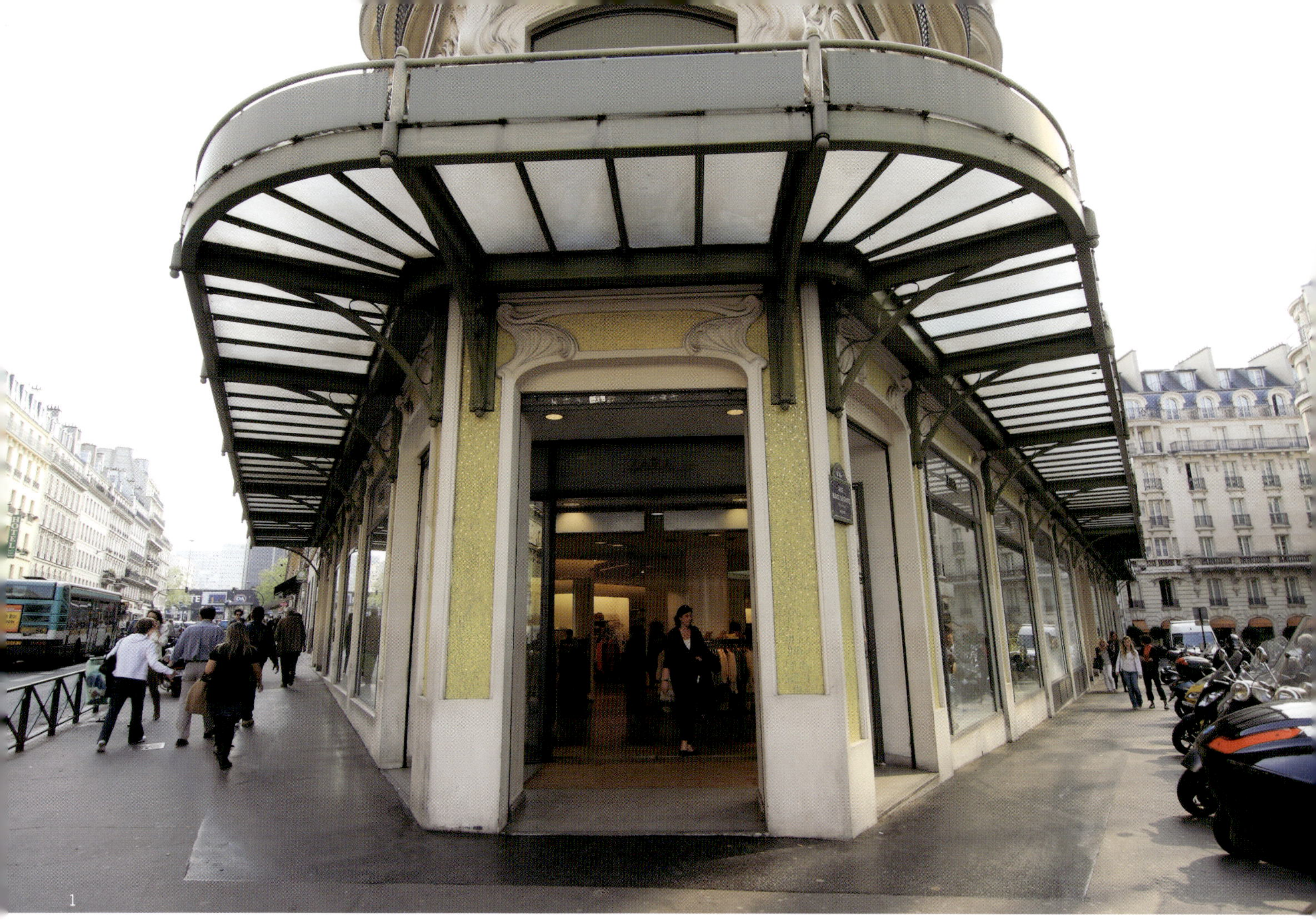
1

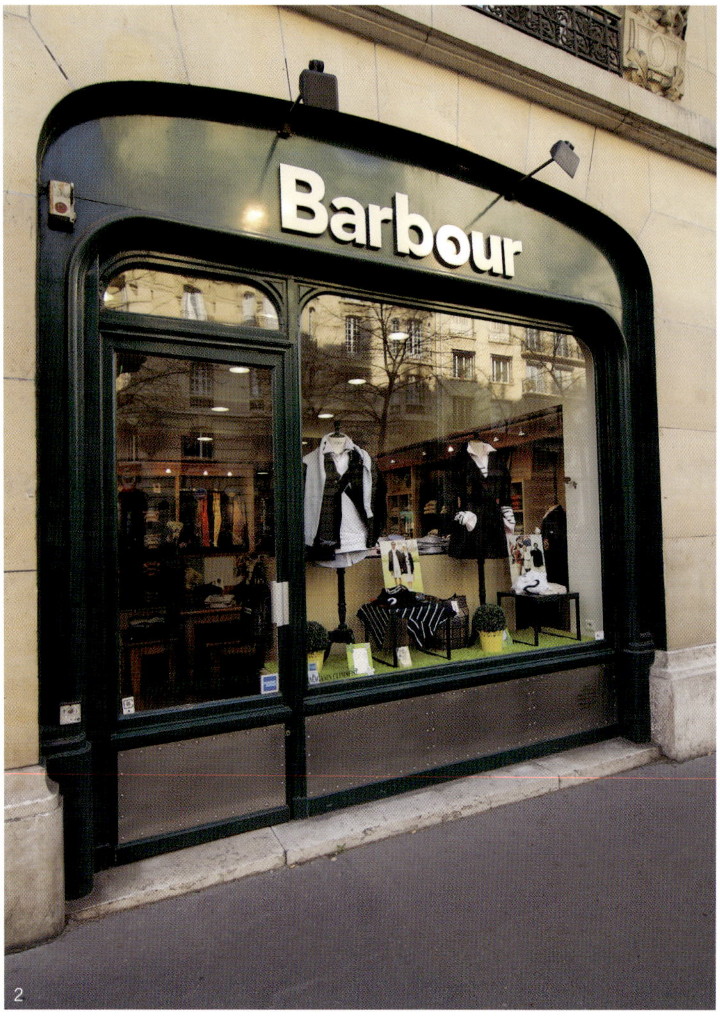

2

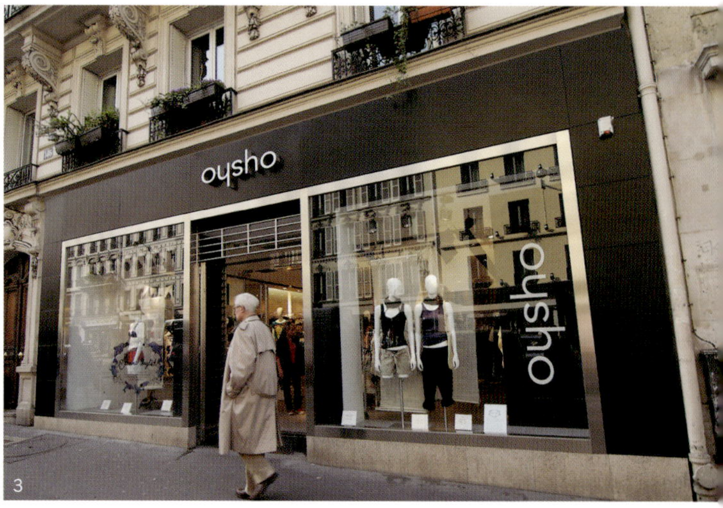

3

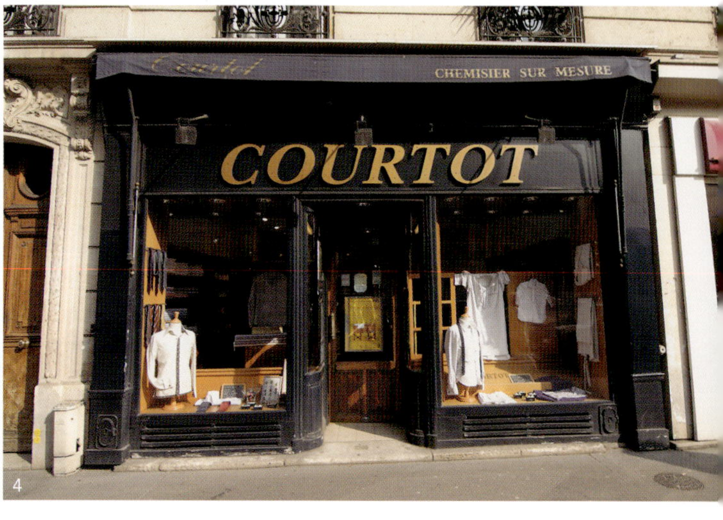

4

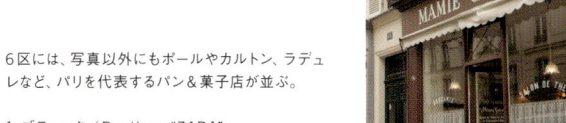

6区には、写真以外にもポールやカルトン、ラデュレなど、パリを代表するパン＆菓子店が並ぶ。

1. ブティック／Boutique "ZARA"
2. ブティック／Boutique "Barbour"
3. ブティック／Boutique "oysho"
4. ブティック／Boutique "COURTOT"
5. パン＆菓子店／Bakery & Confectionery
6. パン屋／Bakery "ERIC KAYSER"
7. 菓子店／Confectionery "MAMIE GÂTEAUX"
8. 菓子店／Confectionery "PIERRE HERMÉ"

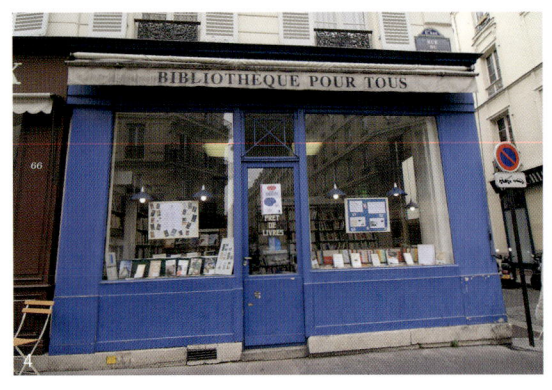

PARIS・FRANCE／パリ・フランス

カルチェ・ラタン（Quartier Latin）周辺に並ぶ本屋。

1. 家具店／Furniture Store "MADURA"
2. 家具店／Furniture Store "NOBILIS"
3. 雑貨店／Variety Store "BUCI NEWS"
4. 本屋／Bookstore
   "BIBLIOTHÈQUE POUR TOUS"
5. 本屋／Bookstore "DE NOBELE"
6. アンティーク店／Antique Store
7. 宝石店／Jewelry Shop
   "CREATEUR DE BIJOUX"
8. 本屋／Bookstore "L'OEIL ECOUTE"
9. 本屋／Bookstore "GUILLAUME BUDÉ"
10. 売店／Kiosk
11. ブティック／Boutique

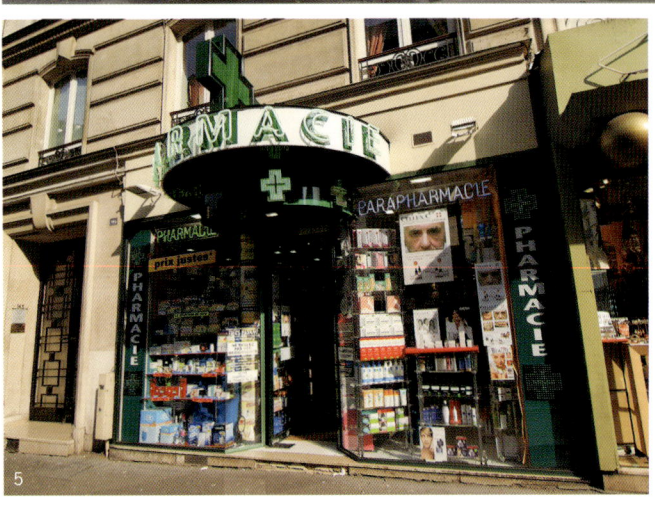

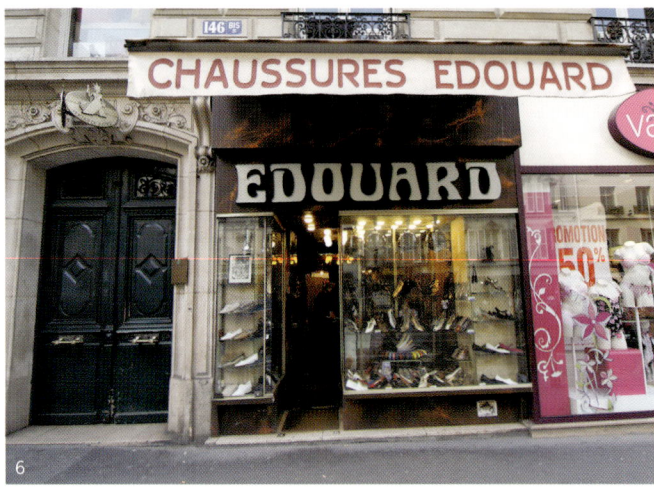

PARIS・FRANCE／パリ・フランス

6区には、映画館の名前によく使用される国立劇場オデオン座（Théâtre de l'Odéon）がある。

1. 花屋／Florists "MONCEAU FLEURS"
2. 花屋／Florists "AQUARELLE"
3. タバコ店／Tobacconist "St.SULPICE"
4. タバコ店／Tobacconist "COTE TABAC"
5. 薬局／Pharmacy
6. 靴店／Shoe Shop "EDOUARD"
7. ホテル／Hotel "EDOUARD Ⅵ"
8. ホテル／Hotel "TERMINUS MONTPARNASSE"
9. 映画館／Theater "BRETAGNE"
10. 映画館／Theater "UGC DANTON"
11. 映画館／Theater "BIENVENUE"

7ᵉ Arrondissement de Paris
"Le Palais-Bourbon"

ギュスターヴ・エッフェルが手掛けた老舗デパート

パリ・7区

世界初の百貨店、ボン・マルシェ(AU BON MARCHÉ)は、同区に建つエッフェル塔(La tour Eiffel)を手掛けたギュスターヴ・エッフェルとL. A. ボワローによって、1887年にリニューアルオープンした。

1. デパート／Department Store "AU BON MARCHÉ"
2. 子供服店／Children's Clothing Store "Du Pareil"
3. 子供服店／Children's Clothing Store "DU PAREIL AU MÊME BÉBÉ"
4. 家具店／Furniture Store "FLEXA"
5. 子供服店／Children's Clothing Store "Sucre d'Orge"

PARIS・FRANCE／パリ・フランス

パリのファサードサインは、店舗名よりも、何を扱っている店なのかを示す言葉が大きく表記されていることが多い。

1. 雑貨店／Variety Store "Mille Fétes"
2. チョコレート店／Chocolate Shop "Philippe Pascoët"
3. 眼鏡店／Opticians "Maison Fondée"
4. カフェ＆バー／Cafe & Bar
5. レストラン／Restaurant "LE MONTAGNARD"

REPORT 02

ヨーロッパの文化を育む5〜7区

東から西へとパリを貫くセーヌ川。川は上流から下流を見て岸の左右が決まるため、この川の場合は北側が右岸、南側が左岸となる。
このレポートでは、1、2区の川向かいに並ぶ5〜7区を紹介する。

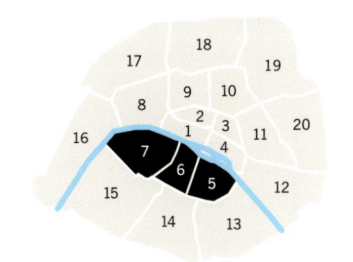

昔も今も学生が集う5区

5区から6区にわたって、「カルチェ・ラタン」と呼ばれる学生街が形成されており、中心部にある「サン・ミッシェル広場」周辺には、本屋や文具店が並んでいる。カルチェ・ラタンとは、「ラテン語地区」という意味で、当時の学生がラテン語を話していたことに由来する。5区内には「パリ第1大学」（パンテオン・ソルボンヌ）をはじめとした五つのパリ大学があり、これらはすべて霊廟「パンテオン」の近くにある。パンテオンには、フランスを代表する偉人が眠っており、「パリ第6大学」で研究に勤しんだキュリー夫妻などもその中の一人だ。設計はジャック・ジェルメン・スフロとジャン・ロドルフ・ペロネによるもので、1792年に完成している。

東部に位置する「パリ植物園」内には、バラ園や温室、動物園がある。もともと「王立庭園」であったこの場所は、現在は市民に開放され憩いの場となっている。

学生のお腹を満たす食堂は、区内中央を南北に走るムフタール通りにある。手ごろなレストランやカフェが並び、常設市ではさまざまな食材を手に入れることができる。

芸術家の集う6区

6区にも、「フランス学士院」や「パリ第2大学」など、さまざまな教育施設がある。5区と比較して芸術方面に長けているのが特徴で、「国立美術学校」（ボザール）やルイ16世の時代に完成した国立劇場「オデオン座」など、多くの文化施設がある。「リュクサンブール公園」には、数多くの彫刻が展示され、ヴィクトル・ユーゴーの小説『レ・ミゼラブル』にも登場することで知られている。

パリ最古の教会「サン・ジェルマン・デ・プレ寺院」の周辺には、1930年代にパリの文豪や学者、芸術家が集まったレストランやカフェが今でも営業している。ヘミングウェイやサルトル、ピカソらが通っていたという「カフェ・ド・フロール」や「ドゥ・マゴ」などが有名で、現在は観光客で溢れている。

5区と7区を結ぶサンジェルマン通りから1本入ったところには、小径が多く、小洒落たブティックや飲食店、パン・菓子店、プチホテルなどが所狭しと並ぶ。映画『ダ・ヴィンチ・コード』で有名になった「サン・シュルピス教会」前の広場では、骨董市や展覧会などの催しが開かれ、いつも市民で賑わっている。

エッフェル塔が聳える7区

7区の見所は、何と言っても「エッフェル塔」だ。フランス革命100周年とパリ万国博覧会を記念したこの塔は、ギュスターヴ・エッフェルの設計によって1889年に建てられた。高さ324m。4本の脚の部分に階段とエレベーターを設置している点が特徴だ。第1展望台へと斜めに上昇していくエレベーターは、開業当初からのものである。

エッフェル塔は、市中のさまざまな場所から見ることができる。1区の「テュイルリー庭園」や8区の「シャイヨー宮」からセーヌ川越しに眺めたり、塔の足元に広がる「シャン・ド・マルス公園」やセーヌ川の遊覧船から望むのも良いだろう。先述のように、塔の中心にエレベーターなど軸になるものがないため、真下から見上げることもでき、夜になるとライトアップで幻想的な幾何学模様を見ることができる。またライトアップは日没後から午前1時（サマータイムは午前2時）までの間で、1時間に5分程、ストロボのような無数の光が点滅する。その様は、今までイメージしてきたモダンなものとは一線を画す、衝撃的なものだ。

A／6区、サン・ジェルマン・デ・プレ寺院／Église Saint-Germain-des-Prés　B／5区、サン・ミッシェル広場の噴水／Fountain in Saint-Michel　C／モンマルトルの丘から見た7区、エッフェル塔／La tour Eiffel

セーヌ川とパリ

パリの歴史は紀元前4世紀にまで遡り、紀元前250年頃、シテ島の集落から始まったといわれています。当時から、パリとセーヌ川の関係は切り離せないものであり、その後は河川貿易の拠点として栄えていきました。現在では、市内に37の橋が架かり、沿岸には歩道が整備され、市民はランニングや読書などを思いおもいに楽しんでいます。7月下旬からの約1カ月間には「パリ・プラージュ」とイベントが開かれており、沿岸に人工の砂浜がつくられ、カフェやレストランの出店やさまざまなライブイベントで賑わいます。パラソルやベンチは無料で貸し出され、水着姿で日光浴をする市民の姿を見ることができるでしょう。

8e Arrondissement de Paris
"L'Élysée"

パリの歴史軸を貫くシャンゼリゼ通り
パリ・8区

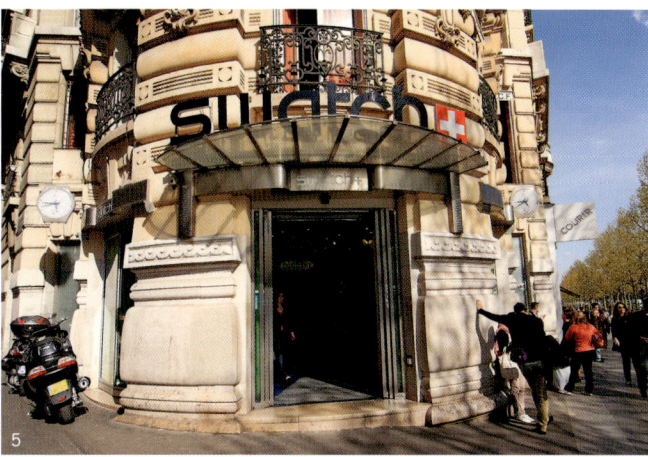

5〜7区が左岸なのに対して、8区は再び右岸となる。凱旋門（Arc de triomphe de l'Etoile）とコンコルド広場（Place de la Concorde）をつなぐシャンゼリゼ通り（L'Avenue des Champs-Élysées）には、ルイ・ヴィトン本店がある。

1. シャンゼリゼ通り（L'Avenue des Champs-Élysées）を
　エトワール凱旋門（Arc de triomphe de l'Etoile）方向に見る
2. 宝石店／Jewelry Shop "Cartier"
3. 宝石店／Jewelry Shop "dinh van"
4. 眼鏡店／Opticians "Grand Optical"
5. 時計店／Watch Store "swatch"
6. ブティック／Boutique "LOUIS VUITTON"

50

シャンゼリゼ通り（L'Avenue des Champs-Élysées）に並ぶファサード。

1. 家電店／Electric Appliance Store "fnac"
2. 映画館／Theater "UGC NORMANDIE"
3. 自動車販売店／Automobile Dealer "MERCEDES-BENZ"
4. 自動車販売店／Automobile Dealer "CITROËN"
5. 自動車販売店／Automobile Dealer "PEUGEOT"
6. カフェ&レストラン／Cafe & Restaurant "Fouquet's"
7. カフェ&レストラン／Cafe & Restaurant
8. カフェ／Cafe "LE PONTHIEU"
9. ホテル／Hotel "Marriott"
10. レストラン／Restaurant "chez Clément"

PARIS・FRANCE／パリ・フランス

PRINTEMPSは、1865年に開業したデパート。設計はポール・セディーユ、彫刻はアンリ・シャピュによるもの。

1. デパート／Department Store "PRINTEMPS"
2. 家具店／Furniture Store "habitat"
3. バー／Bar "CLUB PRIVÉ"
4. 複合商業施設／Commercial Complex

PARIS・FRANCE／パリ・フランス

8区の物販店。日本でもなじみの高級店が並ぶ。

1. ブティック／Boutique "BVLGARI"
2. 化粧品店／Cosmetic Store "GIVENCHY"
3. 宝石店／Jewelry Shop "Obrey"
4. ブティック／Boutique "Jean Paul GAULTIER"
5. ブティック／Boutique "HERMÈS"
6. 食料品店／Grocery Store "HEDIARD"
7. タバコ店／Tobacconist "GEORGE V"
8,11. 菓子店／Confectionery "LADUREE"
9. 食料品店＆カフェ／Grocery Store & Cafe "FAUCHON"
10. 花屋／Florists "Sébastien Mengozzi"

HEDIARD
PARIS
6

TABACS
JEAN BERNARD
TABAC
GEORGE V
22
7

LADUREE
8

FAUCHON
PARIS
9

10

LADUREE
PARIS
RUE
LINCOLN
LADUREE
11

8区の飲食店。シャンゼリゼ通り（L'Avenue des Champs-Èlysées）には、
観光客向けのカフェも少なくない。

1. レストラン／Restaurant "MOLLARD"
2. カフェ／Cafe "STARBUCKS COFFEE"
3. カフェ／Cafe "MARCO POLO"
4. カフェ／Cafe "le carré"
5. レストラン／Restaurant "MAISON de la TRUFFE"
6. カフェ＆レストラン／Cafe & Restaurant "Triadou Haussmann"
7. カフェ／Cafe "Grand Corona"
8. カフェ／Cafe "CAFE de L'OLYMPIA"
9. カフェ＆レストラン／Cafe & Restaurant "LE WEEK END"
10. カフェ／Cafe "CAFÉ MADELEINE"

Triadou Haussmann
6

CAFÉ
7

9

CAFÉ MADELEINE
10

CAFE de L'OLYMPIA
BRASSERIE
8

11ᵉ

Arrondissement de Paris
"Popincourt"

"最新"の先を行く
オベルカンフ地区

パリ・11区

オベルカンフ地区は、地元のクリエーターや流行に敏感な若者が集うエリア。

1. ブティック／Boutique "RAYA SAN' SYSTEM"
2. ブティック／Boutique "kulte"
3. アートギャラリー／Art Gallery

kulte

The French Brand

ENCADREMENT SUR MESURE
RESTAURATION TABLEAUX GRAVURES PAPIERS
DORURE SOCLAGE BOIS METAL
EXPOSITION S/S

OBJETS RARES

deinki.com

PARIS・FRANCE／パリ・フランス

オベルカンフ地区には、新鋭デザイナーのブティックやサブカルチャーを扱う店舗が並ぶ。

1. ブティック／Boutique "ADÖM"
2. 子供服店／Children's Clothing Store "Des Petits Hauts"
3. 靴店／Shoe Shop "SWINGTAP"
4. 本屋／Bookstore "LIBRAIRIE TONKAM"
5. 雑貨店／Variety Store "L'univers de Léo"
6. 玩具店／Toyshop

LIBRAIRIE TONKAM
29
TONKAM LIBRAIRIE
Dans cette librairie,
pour l'achat du volume 1 de Special A
Un poster exclusif offert
4

18
5

MANGA TOYS
6

1
2

11区は、庶民的なレストランが多い。

1. レストラン&バー／Restaurant & Bar "LE BASTILLE"
2. パン&菓子店／Bakery & Confectionery "Fleurysette"
3. レストラン／Restaurant "LE BISTRO DE PARIS"
4. カフェ&バー／Cafe & Bar "ROTONDE"
5. レストラン／Restaurant "Le Bistrot du Peintre"

パリの飲食店は、各テーブルの間隔が狭いことが多く、譲り合いながら席を立つ姿をよく見かける。

1. カフェ／Cafe "FAUBOURG"
2. レストラン＆バー／
　 Restaurant & Bar "LE RALLYE"
3. レストラン／Restaurant "PLEIN SOLEIL"
4. カフェ／Cafe "CAFE REY"

REPORT 03

19世紀の都市計画を反映する8〜12区

パリの行政区は、1区を軸に時計回りの渦を描きながら、数が増えていく。
5区で左岸に渡って、8区で再び右岸へ戻り、12区をもって約1周半した計算になる。
このレポートでは、1区から4区を包むように構成された8〜12区を紹介する。

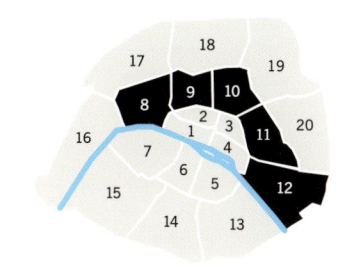

凱旋門を軸にした8区

7区の対岸にある8区には、「エトワール凱旋門」とシャンゼリゼ通りがある。パリには、ナポレオンの命によって1806年に計画された二つの凱旋門があり、もう一つは、「ルーヴル美術館」の中庭に建つ「カルーゼル凱旋門」だ。この二つの凱旋門と最西端のグランタルシュ（新凱旋門）を結んだ直線を「パリの歴史軸」と言い、「テュイルリー庭園」とエトワール凱旋門を結ぶシャンゼリゼ通りは、その一部にあたる。エトワール凱旋門のある「シャルル・ド・ゴール広場」（旧エトワール広場）からは、シャンゼリゼ通りを含め、12の大通りが放射状に延びている。これらの広場と通りは、ジョルジュ・オスマンのパリ改造によって新たにつくられたものだ。エトワールとは、"星"という意味で、広場と通りで星が輝いているように見えることに由来する。

シャンゼリゼ通りには、「ルイ・ヴィトン 本店」をはじめとした高級ブランドやレストラン、カフェ、映画館などさまざまな店が並び、観光客の目を楽しませている。通りは、シャンゼリゼに出店する企業で構成されたシャンゼリゼ委員会によって景観などが整備されており、新規企業が出店する際には、委員会の審査を受けなくてはならない。

オスマン調のファサードが整然とした9区

9区はオペラ区とも呼ばれ、その名の通り、区内に「オペラ座」がある。1875年に完成したオペラ座は、シャルル・ガルニエが設計したことから、「ガルニエ宮」の愛称を持つ。ガルニエは、モナコのカジノや「グランドホテル・ド・パリ」を設計したことでも有名だ。

オペラ座近辺は、パリ改造によって整備されたオスマン調のファサードが続く。パリ改造を期に、いくつかの大型店舗が開業しており、「ギャラリー・ラファイエット 本店」をはじめとした多くのデパートが営業していることも、この区の特徴だ。

運河の流れる10区

10区には、シャルル・ド・ゴール国際空港からの鉄道RERのターミナル駅「ガール・デュ・ノール（パリ北駅）」があり、多くの旅行者が訪れる。しかし、RERから地下鉄への乗り継ぎはすべて地下で済んでしまうため、駅を含め、10区の印象を持つことなく、パリを離れてしまう人も少なくない。

10区には、セーヌ川とウルク運河を結ぶサン・マルタン運河が流れている。高低差があるためパナマ運河のような九つの閘門を持ち、遊覧船などが水位の調整を待つ姿を見ることができる。沿岸には公園などが整備され、地元の憩いの場となっている。

新たなカルチャーが生まれる11区

11区は、パリの行政区の中で最も人口密度が高い。中心部に近い場所でありながら、物価が安く、下町情緒の漂う街である。

10区を東南方向に流れるサン・マルタン運河は、11区に入ると暗渠化し、バスティーユ広場を越えて4区と12区の境界にあるセーヌ川アルスナル港へとたどり着く。暗渠の地上はリシャール・ルノワール通りであり、通りの中央部は公園となっている。

公園では、毎週木曜日と日曜日の午前7時から午後3時頃まで、市場「マルシェ・バスティーユ」が開かれる。肉や魚などの生鮮食品の他、ハムやチーズなどの加工品、蚤の市で扱われるような雑貨などの屋台が並ぶ。パリではたいていの店が日曜日に休業することもあり、多くの市民で賑わう。

リシャール・ルノワール通りを横切るオベルカンフ通り一帯は、若者で溢れ、流行が生まれる場所だ。サブカルチャーを扱う店が多く、日本とリアルタイムで最新のキャラクターグッズが並んでいる様を見ると、いかに日本のアニメーションがパリの若者に受け入れられているかがよくわかる。この街にはクリエーターが集まるカフェやバーも多く、深夜までクラブミュージックを楽しむことができる。

"森"のある12区

パリ市の最西端にあたる12区には、リヨン駅があり、スイスやイタリア・ジュネーヴやイタリア・ミラノを結ぶTGVが走っている。

フランス革命200年を記念して1989年に完成したオペラ・バスティーユは、カルロス・オットーの設計によるもの。九つの舞台があり、オペラを中心に、バレエや管弦楽などが公演されている。ちなみに、オペラ座では、バレエの公演が多い。

区の西側には、「ヴァンセンヌの森」が広がる。約1万km²の敷地内には、城や砦、湖、動物園のほか、アメリカ賞が開催される「ヴァンセンヌ競馬場」がある。

A／9区、オペラ座／l'Opéra　B／10区、オペラ・バスティーユ／L'Opéra de la Bastille　C／12区、サン・マルタン運河／Canal Saint-Martin

14ᵉ

Arrondissement de Paris
"L'Observatoire"

エコール・ド・パリの文化が花開いたモンパルナス

パリ・14区

14区のモンパルナス駅（Gare Montparnasse）は、フランス南西部行きの主要駅だ。

1. モンパルナス駅／Gare Montparnasse
2. ペルネティ駅／Station Pernety
3. ポール・ロワイヤル駅／Station Port-Royal

PARIS・FRANCE／パリ・フランス

MONOPRIXはフランス発のスーパーマーケット。
パリ市内の至る所で見かける。

1. ショッピングセンター／Shopping Center "GALERIES LAFAYETTE"
2. ショッピングセンター／Shopping Center "Galerie Gaité"
3. スーパーマーケット／Supermarket "MONOP"
4. スーパーマーケット／Supermarket "MONOPRIX"
5. 不動産業者／Realtor "yard"
6. 銀行／Bank "BANQUE POPULAIRE"
7. 携帯電話店／Mobile Phone Shop "france telecom"
8. 携帯電話＆写真店／Mobile Phone & Photo Shop "orange"
9. 携帯電話店／Mobile Phone Shop "SFR"

REAL ESTATE
IMMOBILIER
5

BANQUE POPULAIRE
BANQUE POPULAIRE
RIVES DE PARIS
DISTRIBUTEUR DE BILLETS
107
6

115
france telecom
orange
orange.fr
orange.fr
7

photoservice
photoservice
PLAY
SHARE
TOUCH
NOKIA
8

SFR
SFR
espace SFR
9

PARIS・FRANCE／パリ・フランス

14区の薬局と花屋。薬局も至る所で見られ、緑十字のサインが複雑な光り方をすることが特徴。

1. 薬局／Pharmacy "DE L'EUROPE"
2. 薬局／Pharmacy
3. 薬局／Pharmacy "de l'avenue"
4、5. 薬局／Pharmacy
6. 薬局／Pharmacy "PharmaVie"
7. 薬局のサイン／Sign of Pharmacy
8. 花屋／Florists "Point Fleurs"
9. 花屋／Florists "Fleurs sur le net"
10. 花屋／Florists "MONCEAU FLEURS"
11. 花屋／Florists "Floravie"
12. 花屋／Florists "Perret Fleurs"

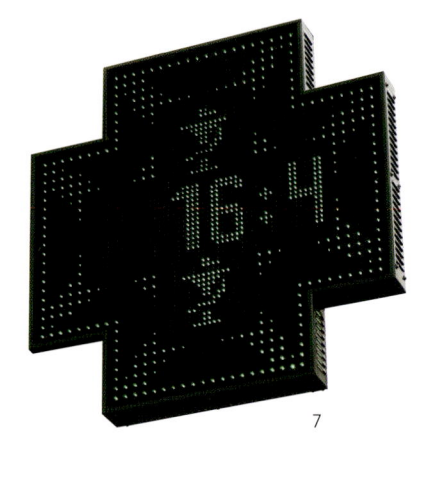

71

Interior's
Interior's
Interior's
Interior's
jusqu'à
-30%
54 meubles
du 1er au 30 avril 2009
Premium Reseller

1

les cousins d'alice
jouets
livres
RUE DAGUERRE
COIFFURE
TONY

2

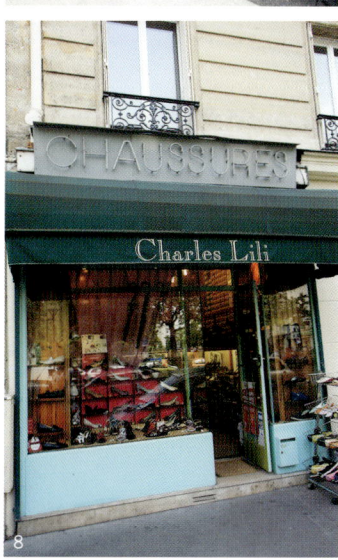

14区と言えば、モンパルナス地区が有名だが、パリで一番高い建物である
モンパルナス・タワー（Tour Montparnasse）は、隣接する15区に建っている。

1. 家具店／Furniture Store "Interior's"
2. 玩具店／Toyshop "les cousins d'alice"
3. 眼鏡店／Opticians "OPTICAL GALLERY"
4. 靴＆鞄店／Shoe & Bag Shop "Bata"
5. 楽器店／Music Store "Paris Accordéon"
6. "Paris Accordéon" のサイン／Sign
7. 靴修理店／Shoe Repair Shop "CORDONNERIE ARTISANALE"
8. 靴店／Shoe Shop "Charles Lili"
9. 手芸店／Handicraft Shop "La Mercerie"

PARIS・FRANCE／パリ・フランス

14区の肉屋。フランスは農業大国であり、手頃な価格で食材を手に入れることができる。

1. 肉屋／Butcher "Boucheries Chevy"
2. 肉屋／Butcher "BOUCHERIE CHARCUTERIE VOLAILLES"
3. 肉屋／Butcher "BOUCHERIE PERNETY"
4. 肉屋／Butcher "Ets BARBAUD"
5. 肉屋／Butcher
6. 肉屋／Butcher "L'AVALLONNAISE"
7. チーズ専門店／Cheese Shop "Vacvoux & Fils"
8. 魚屋／Fishmonger "DAGUERRE MAREE"
9. 肉屋／Butcher
10. 肉屋／Butcher
11. 肉屋／Butcher "Loiseau"

10 BIS

9

BOUCHERIE
BOUCHERIE
tél. 01.45.45.70.19
BOUCHERIE

10

Boucherie
Loiseau
Tradition
Service Soigné
BOUCHERIE

11

RUE DAGUERRE
PAIN AU LEVAIN
82 VIENNOISERIE 82
L'Atelier d'Antan
PATISSERIE

1

L'Épi d'Or J.M. Leduc
Boulangerie
Pâtisserie
Sandwiches
RETRODOR

2

BOULANGER PATISSIER
VOTRE ARTISAN
BOULANGER PATISSIER
Jepétriset cuit
dans mon Fournil
ZÉNITH DE PARIS

3

LE QUARTIER DU PAIN
LE QUARTIER DU PAIN
BOULANGER

4

Pâtissier Chocolatier
Guy Renard
Confiseur Traiteur
COIFFURE

5

14区の物販店。総菜店は、traiteurと言い、フランス料理の他、中国料理やベトナム料理など、ジャンルはさまざま。

1. パン＆菓子店／Bakery & Confectionery "L'Atelier d'Antan"
2. パン＆菓子店／Bakery & Confectionery
3. パン＆菓子店／Bakery & Confectionery "VOTRE ARTISAN"
4. パン屋／Bakery "LE QUARTIER DU PAIN"
5. チョコレート店／Chocolate Shop "Guy Renard"
6. 酒屋／Liquor Store "CAVE PERET"
7. 総菜店／Deli Shop "La Maison de la Pâte"
8. 総菜店／Deli Shop "J.Valliot"
9. 酒屋／Liquor Store "NICOLAS"
10. スーパーマーケット／Supermarket "PICARD"
11. 酒屋のサイン／Sign of Liquor Store

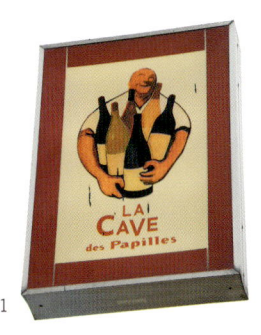

PARIS・FRANCE／パリ・フランス

1920年代、14区のモンパルナス地区に世界中から芸術家が
集まり、レストランやカフェが賑わった。

1. レストラン＆バー／Restaurant & Bar "Le Select"
2. レストラン／Restaurant "BOUTIQUE DU FABRICANT"
3. レストラン＆バー／Restaurant & Bar "L'Oasis"
4. カフェ／Cafe "LA COUPOLE"
5. サイン／Sign
6. レストラン／Restaurant "SURAJ"
7. レストラン／Restaurant "LE MARIGNY"
8. レストラン＆バー／Restaurant & Bar "Le Naguère"
9. レストラン／Restaurant "les Fils de la Ferme"

SURAJ
RESTAURANT
INDIEN
Tel. 01.45.45.57.48
VILLA COLLET
SURAJ
TEL 01 45 45 57 48
RESTAURANT INDIEN SURAJ
SPÉCIALITÉS TANDOORI & CURRY - TEL 01 45 45 57 48
STATIONNEMENT GÊNANT
PLATS A EMPORTER -10%
6

TABAC
LE MARIG
BRASSERIE
LOTO
LE MARIGNY
TABAC
7

TABAC
Le Naguère
8

RESTAURANT
RESTAURANT les Fils de la Ferme
RESTAURANT
Côté Cuisine
RETOUCHES
9

写真1のLA ROTONDEは、芸術家の集まる有名店の一つだった。ピカソや藤田嗣治も訪れたという。

1. レストラン／Restaurant "LA ROTONDE"
2. アイスクリーム店／Ice-cream Parlor
3. レストラン＆バー／Restaurant & Bar
4. レストラン／Restaurant
5. カフェ＆レストラン／Cafe & Restaurant "LE ZEYER"
6. カフェ＆レストラン／Cafe & Restaurant "Le Bouquet"

REPORT 04

新たなパリの建築を模索した13〜15区

12区までを旧市街とするならば、13区以降は比較的新しい街だと言えるだろう。1860年にパリ市の行政区が見直された際、主に拡張された部分に割り当てられた部分が、13区以降であったためだ。このレポートでは、拡張された左岸側に位置する13〜15区を紹介する。

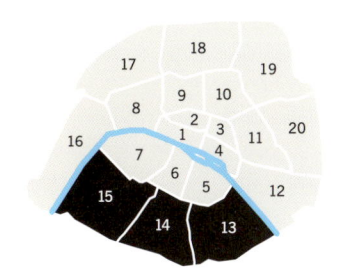

チャイナタウンのある13区

12区の川向こうに位置する13区の地下鉄トルビヤック駅近辺には、チャイナタウンがある。パリにはチャイナタウンがいくつかあるが、その中でも最大の規模を誇り、ベトナム人やラオス人も生活している。

街並みは、横浜や神戸、長崎にある中華街とは異なり、パリの建物の中に中国風の路面店が入っているといった趣だ。春節には、獅子舞や爆竹といった伝統的なものから中国風の仮装を施したものなど、さまざまに趣向を凝らしたパレードで盛り上がりを見せる。

タウン内には、1974年に完成した高層マンション群「オランピアード」が建つ。2007年には、地下鉄14号線延長に伴い、「オランピアード駅」が新設された。

中国料理店やベトナム料理店では、市内のレストランよりもお手頃な価格で本格的な料理を提供しており、人気がある。

モンパルナスを中心に栄華を極めた14区

14区は、20世紀初頭に栄華を極めた。モンパルナス地区の「狂乱の時代」である。始まりは、1910年頃、パブロ・ピカソなど一部の芸術家達が、それまで芸術の中心であったモンマルトルから新たな文化の創造の地として移り住み始めたことによる。第一次世界大戦が終わった1918年頃から注目が集まるようになり、多くの文化人が彼らを支えようとした。この動きを世界中が注目しており、スペインのサルバドール・ダリをはじめとしたヨーロッパはもちろん、アメリカのアーネスト・ヘミングウェイや日本の藤田嗣治など、さまざまな国から名を上げようとする芸術家が集まった。ジョージ・ガーシュウィンがこの頃の経験を元に作曲したのが、「パリのアメリカ人」である。

彼らは、カフェやレストランに入り浸り、親交を深め、新たな芸術を生み出していった。しかし、狂乱の時代は、1929年に起きた世界恐慌を期に陰りを見せ始め、第二次世界大戦が開始された1939年頃には、終焉を迎えてしまう。現在では、モンパルナス界隈は観光地としてにぎわっており、「モンパルナス墓地」から南側に1本入ったダゲール通りで、古き良き時代の趣を感じ取ることができる。

近代高層ビルの建つ15区

セーヌ川に面する15区は、「ヴァンセンヌの森」と「ブローニュの森」を除いた場合、市内で最も広い区である。人口も最も多く、全体の約1割を占めている。区内には住宅街が広がり、「ジャベル・アンドレ・シトロエン駅」から「シャルル・ミッシェル駅」にかけては、在仏の日本人に人気のあるエリアだ。

セーヌ川沿いのフロン・ド・セーヌ地区には、約20の高層ビルが林立する。レイモン・ロペスの手によって1977年に再開発されたこの工場跡地は、整然と構成されているビル間を、ペデストリアンデッキで移動することができる。近代的な都市計画とオスマン調の街並みは、姿こそ違えど、確固たる理念に基づいて計画されているという共通項を持つ。

A／13区、複合商業施設／Commercial Complex "Italie 2"
B／15区、モンパルナス・タワー／Tour Montparnasse

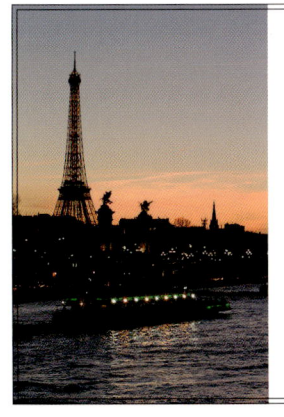

パリの四季

パリは、日本のように季節によってさまざまな表情を見せます。春には花が咲き乱れ、あちこちで見られる八重桜は満開を迎えます。天気の良い日には、セーヌ川でバケットや惣菜、ワインを持参して楽しむ市民の姿が見かけられ、街をのんびり散歩したり、公園で読書をするには絶好の季節になります。

夏は、日照時間は長く、午後10時頃に日没を迎えます。6月下旬頃には、パリ中を会場にした幅広いジャンルの音楽祭、フェト・ド・ラ・ミュージックが行われます。8月頃は、多くの市民がバカンスに出かけてしまい、街全体が寂しい印象になります。

木々が色づく秋、シャンゼリゼ通りのマロニエの木も紅葉を迎え、落ち葉の綺麗な時期になります。9月は、新店舗がオープンする時期で、10月上旬に始まるパリ・コレクションの時期からモデルの姿を見かけるようになり、街全体が華やいで見えます。

冬は、10月の最終日曜日、夏時間から冬時間に切り替わる頃から始まります。日照時間がめっきり短くなり、朝晩が肌寒く、カフェで飲むエスプレッソがおいしい時期になります。11月中旬には、街がクリスマスディスプレイで彩られはじめます。

17ᵉ Arrondissement de Paris
"Les Batignolles-Monceau"

高級住宅街と下町を併せ持つ街
パリ・17区

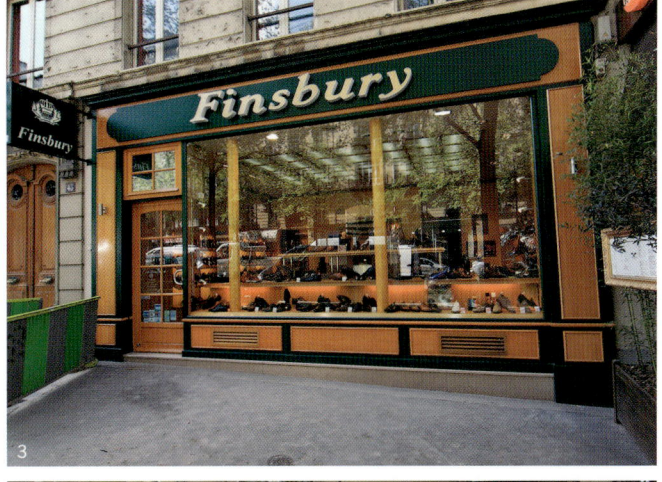

市場(marché)は、曜日を限定する所が多いが、写真1の市場は常設である。

1. ポンセレット通りの(Rue Poncelet)の市場(Marché)
2. 売店／Kiosk
3. 靴店／Shoe Shop "Finsbury"
4. カメラ店／Camera Store "L'OPTIQUE"
5. 薬局／Pharmacy
6. 眼鏡店／Opticians "DE L'ETOILE"
7. 家具店／Furniture Store "LA MAISON CAP"

PARIS・FRANCE／パリ・フランス

17区の飲食店。HOTEL ELYSÉES CERAMICのファサードには、その名の通り、陶器製タイルが貼られている。

1. レストラン／Restaurant "chez Clément"
2. カフェ＆バー／Cafe & Bar "LE COMPTOIR"
3. ファストフード店／Fast Food Restaurant "Pomme de Pain"
4. カフェ／Cafe "LA CROISSANTERIE CAFÉ"
5. ホテル／Hotel "HOTEL ELYSÉES CERAMIC"

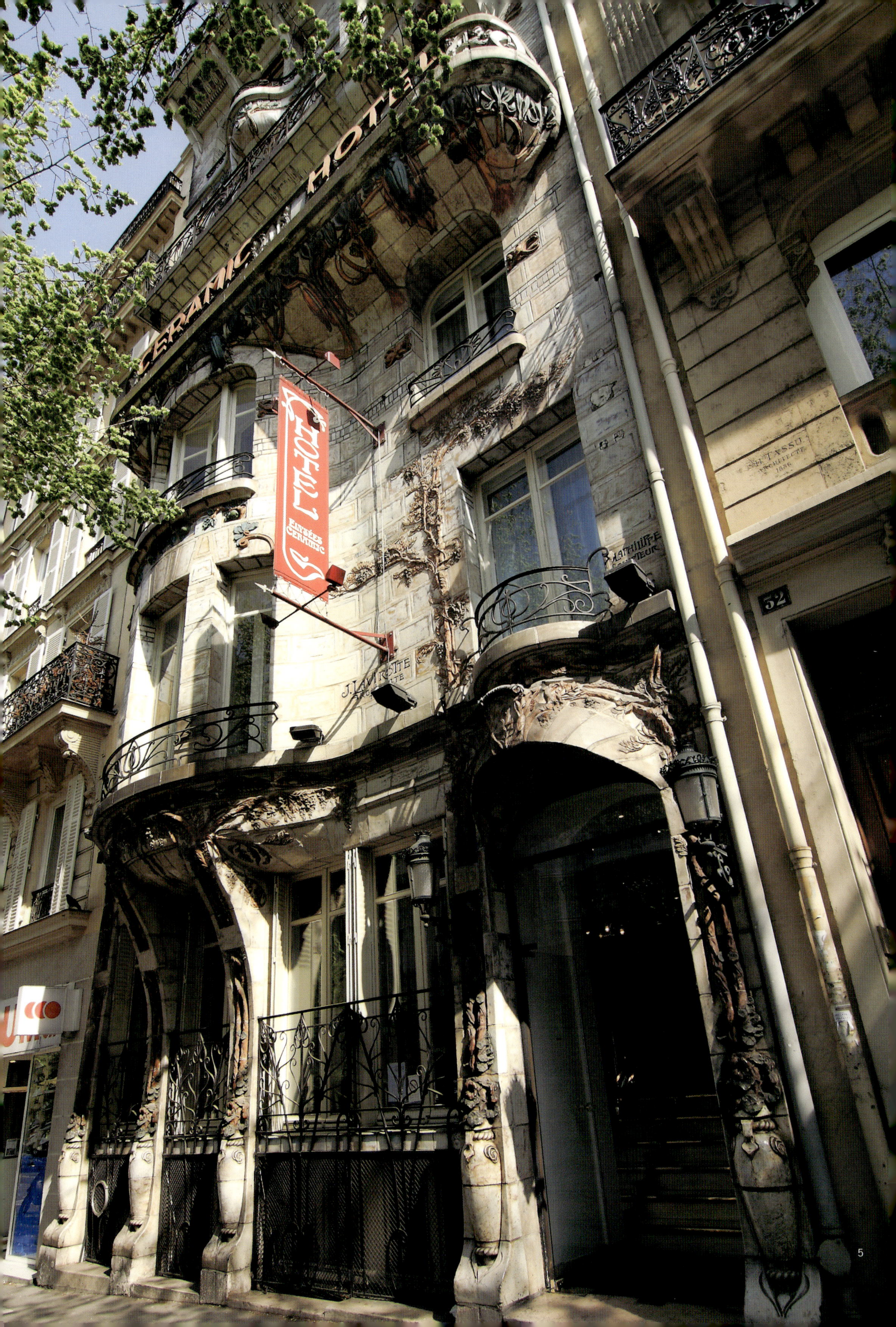
CERAMIC HOTEL
HOTEL
ELYSÉES CERAMIC
52

18ᵉ

Arrondissement de Paris
"La Butte-Montmartre"

ベルエポックの栄華を
今に伝えるムーラン・ルージュ

パリ・18区

モンマルトルの丘が広がる18区には、キャバレー、
ムーラン・ルージュ（MOULIN ROUGE）が建つ。

1. カフェ／Cafe "CAFE des 2 Moulins"
2. キャバレー／Cabaret "Moulin Rouge"

ERIE
Utrillo Fleurs
Livraison en Ville
1

C'EST UN GRAND MYSTERE
2

l'atelier floral
3

Le Jardin Fleuri
FLEURS
4

映画「アメリ」の舞台でもある18区は、19世紀にパリ市に編入された比較的新しいエリアである。

1. 花屋／Florists "Livraison en Ville"
2. 花屋／Florists "C'EST UN GRAND MYSTERE"
3. 花屋／Florists "l'atelier floral"
4. 花屋／Florists "Le Jardin Fleuri"
5. タバコ店／Tobacconist "TABAC LE LIEGE"
6. 薬局／Pharmacy
7. 薬局／Pharmacy "DE L'EDEN"
8. 薬局／Pharmacy "Grande Pharmacie Ordener"
9. ペット店／Pet Shop
10. 模型店／Model Shop "märklin"

BROCANTE
METAMORPHOSE
TAPISSERIE DECORATION
01 42 23 35 35
Artisan Tapissier
Decoration d'interieur
Petites reparations de meubles
ACHAT DE
SUCCESSIONS
1

la case de cousin paul
2

matière active
3

Living B'art
Restaurant - Salon de thé
Table d'hôtes - Spectacles
4

TIBET STORE
CITÉ DE LA MAIRIE
5

モンマルトル地区は、比較的価格の安い物販店の他、クリエーター
が手掛ける雑貨店など、個性的な店が見られる。

1. アンティーク店／Antique Store "METAMORPHOSE"
2. 家具店／Furniture Store "la case de cousin paul"
3. 雑貨店／Variety Store "matière act've"
4. 家具店／Furniture Store "Living B'art"
5. 雑貨店／Variety Store "TIBET STORE"
6. ブティック／Boutique "TUXEDO"
7. 靴修理＆鍵店／Shoe Repair & Key Shop "CORDONNERIE"
8. ブティック／Boutique "CHINEMACHINE"
9. ブティック／Boutique "Guerrisol"

castorama
Centre Commercial
LES ARCADES
de Montmartre
flunch
P Public
Clichy-Montmartre
24h/24
ENTREE
P Public
24/24
mercure
HOTEL
1

CREMERIE FROMAGERIE
FROMAGES
2

BOUCHERIE
CHARCUTERIE
3

BOUCHERIE
4

87 - HERBORISTERIE DE LA PLACE CLICHY - 87
5

VINS de
PROPRIETE
CAVES DES ABBESSES
6

モンマルトル地区の食材店。18区は、人口が2番目に多い地区である。

1. ショッピングセンター／Shopping Center "castorama"
2. チーズ専門店／Cheese Shop "FROMAGES"
3. 肉屋／Butcher "Charcuterie de la Place"
4. 肉屋／Butchers "MR. ET MME LE GUELLEC"
5. ハーブ専門店／Herb Shop "DE LA PLACE CLICHY"
6. 酒屋／Liquor Store "CAVES DES ABBESSES"
7. 食料品店／Grocery Store "EPICERIE DU TERROIR"
8. 総菜店／Deli Shop
9. 総菜店／Deli Shop "avec ceux ci"
10. 総菜店／Deli Shop "LE LYS D'OR"
11. 総菜店／Deli Shop "Ketty's"
12. 総菜店／Deli Shop "MEDAILLE D'OR"

Artisan
Boulanger
Ronde des Pains
BOULANGER
PATISSIER BOULANGER
SANDWICHS VARIES
BOISSONS-FRAICHES
1

RUE MARCADET
Artisan Boulanger Pâtissier de Père en Fils
Pâtisserie Moulin de Montmartre
2

Le Grenier à Pain
une autre boulangerie...
BOULANGERIE DE TRADITION PATISSERIE
3

BOULANGER
ARTISAN BOULANGER
4

BOULANGERIE
BOULANGERIE - PATISSERIE - CONFISERIE
ARTISAN BOULANGER
5

L'Artisan
Boulanger
C.M. DELICES
6

18区のパン＆菓子店。フランスパンは、pain traditionelと総称され、
形や大きさ、素材の分量の違いで、さまざまに分類される。

1. パン屋／Bakery
2. パン＆菓子店／Bakery & Confectionery "Moulin de Montmartre"
3. パン＆菓子店／Bakery & Confectionery "Le Grenier à Pain"
4. パン屋／Bakery
5. パン＆菓子店／Bakery & Confectionery
6. パン屋のサイン／Sign of Bakery
7. パン＆菓子店／Bakery & Confectionery "BANETTE"
8. パン＆菓子店／Bakery & Confectionery "Au Pétrin D'Antan"
9. パン屋／Bakery "Justice"
10. パン＆菓子店／Bakery & Confectionery "Aux Saveurs du Midi"
11. パン＆菓子店／Bakery & Confectionery
12. 菓子店／Confectionery "AU PAIN COMPLET DE PARIS"
13. "ARTISAN BOULANGER" のサイン／Sign

PARIS・FRANCE／パリ・フランス

18区は、アフリカやアラブ、東欧諸国からの移民者が多く、彼らを対象にした店も少なくない。

1. カフェ＆レストラン／Cafe & Restaurant "Le Progrès"
2. カフェ＆レストラン／Cafe & Restaurant "LA POSTE"
3. カフェ＆バー／Cafe & Bar "L'ÉTOILE DE MONTMARTRE"
4. カフェ／Cafe "LE REFUGE"
5. カフェ＆レストラン／Cafe & Restaurant "LA TAVERNE DE MONTMARTRE"
6. ファストフード店／Fast Food Restaurant "LADESS
7. カフェ＆レストラン／Cafe & Restaurant "LA FOURCHE ROYALE"
8. カフェ／Cafe "CAFE DE LUNA"
9. ファストフード店／Fast Food Restaurant "RESTO PRINCESSE"

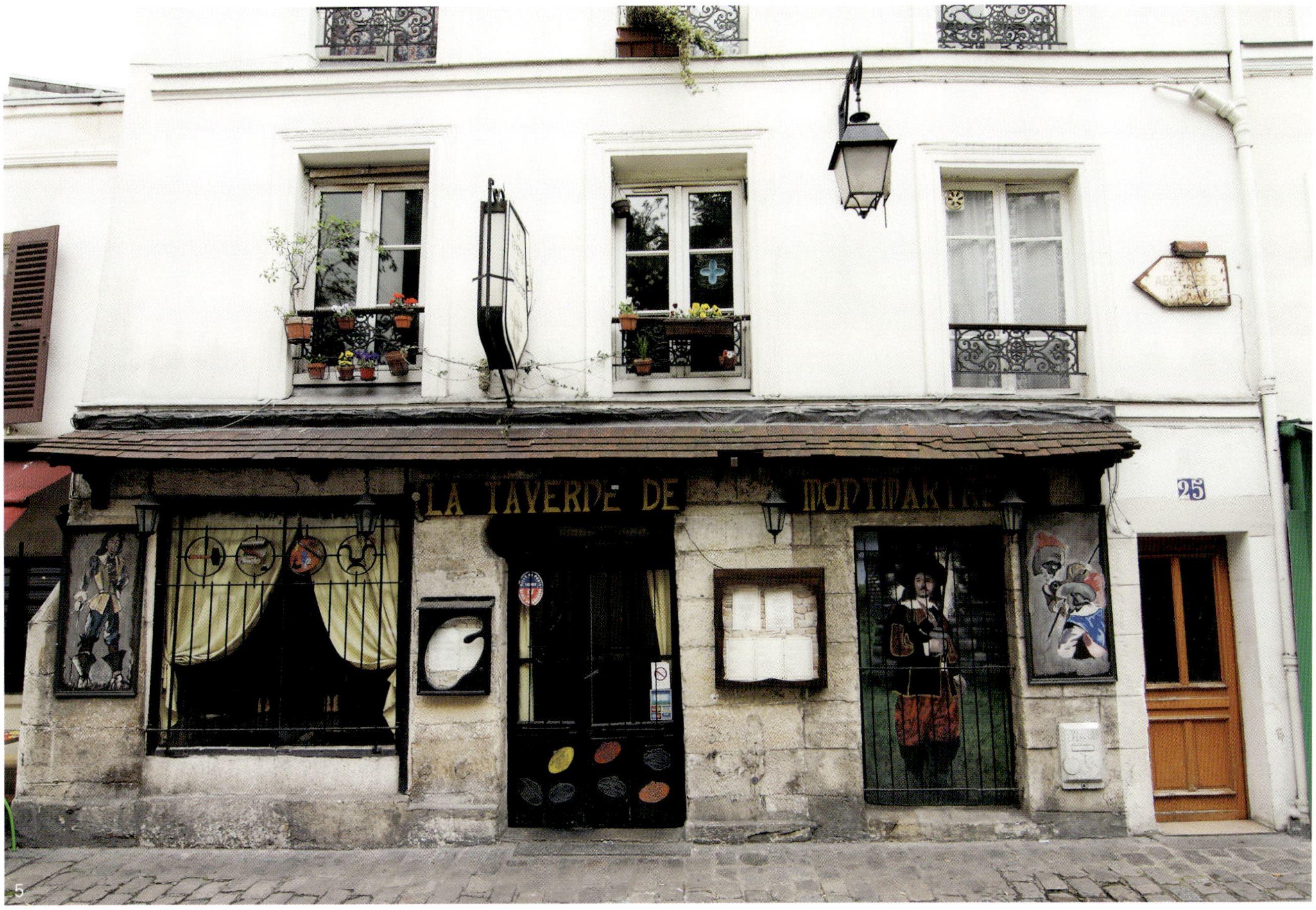

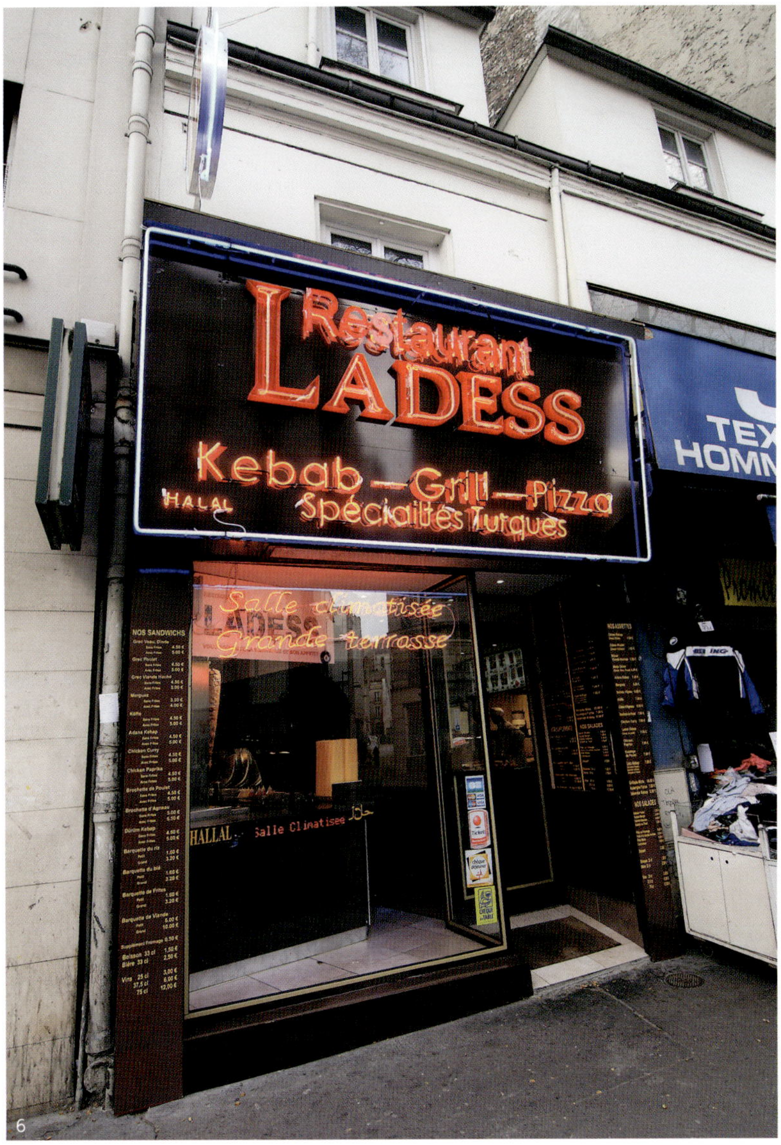

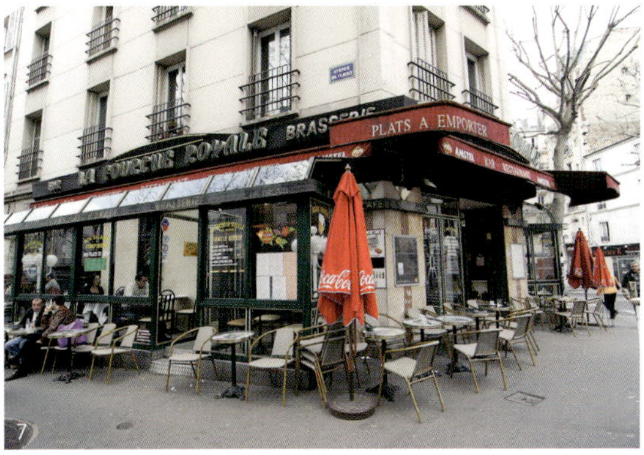

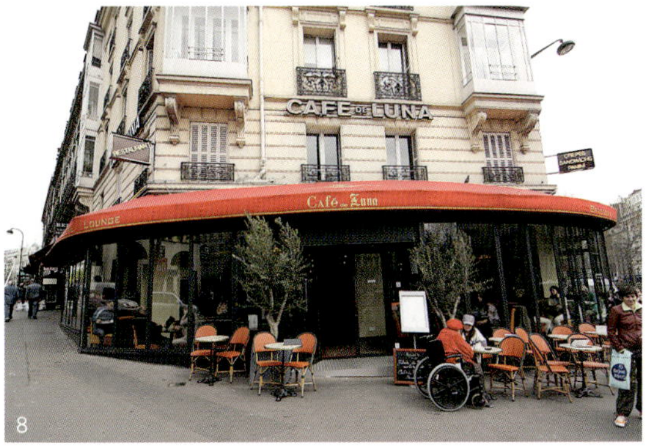

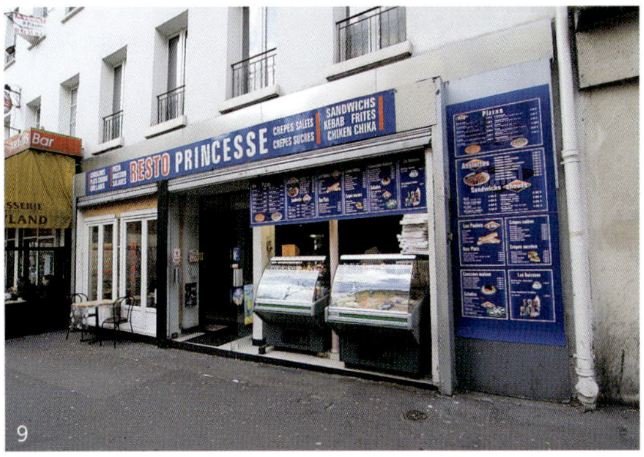

PARIS・FRANCE／パリ・フランス

モンマルトルの丘にあるモン・スニ通り（Rue du Mont Cenis）は、
かつてピカソなど芸術家が生活したエリアだった。

1. レストラン／Restaurant "L'ESCALE"
2. レストラン／Restaurant "REFUGE DES FONDUS"
3. レストラン／Restaurant "PULCINELLA"
4. レストラン／Restaurant "AU PERE ROUSSEAU"
5. レストラン／Restaurant "LE BASILIC"
6. レストラン／Restaurant "Le NORDSUD"
7. レストラン／Restaurant "POMODORO"

5

6

7

PARIS・FRANCE／パリ・フランス

18区の美容室とオフィス。庶民的な店舗が多い。

1. 不動産業者／Realtor "L'agence du Village"
2. 美容室／Hair Salon "Gina Gino"
3. 銀行／Bank "MUTUELLES DU MANS ASSURANCES"
4. 不動産業者／Realtor "PRIVILEGE"
5. 美容室／Hair Salon "A PETITS PRIX"

世界のカルチャーが交錯する16〜20区

13区〜15区がパリの左岸側を覆い、セーヌ川を越え、16区〜20区が右岸側を包むように配置された。1860年以降に都市化が進んだ場所ということもあり、バラエティー豊かなエリアが形成された。このレポートでは、高級住宅街から移民の街まで存在する16〜20区を紹介する。

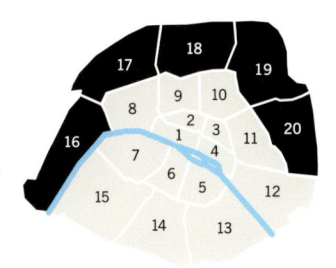

広大な自然公園を持つ16区

パリの最西端に位置する16区は、高級住宅街で、約8.5㎢の広さを誇る自然公園「ブローニュの森」を持つ。森の中にはパリ大障害の開催される「オートゥイユ競馬場」や凱旋門賞で有名な「ロンシャン競馬場」、全仏オープンの開催地「スタッド・ローラン・ギャロス」、近隣にはサッカー、パリ・サンジェルマンFCの本拠地「パルク・デ・プランス」などのスポーツ施設がある。他にも、フランス幾何学式のバラ園「バガテル公園」や人工池、ジョギングコース、遊園地など、市民が憩うためのさまざまな施設で構成されている。

高級住宅街でマルシェが賑わう17区

8区の北側にあり、エトワール凱旋門のあるシャルル・ド・ゴール広場に面した17区。広場から延びるワグラム通り一帯は、17区の西部にあたり、隣接する16区と同じく高級住宅街だ。近辺には三ツ星レストランもあり、大使館も多い。テルヌ通りには、ブティックが軒を連ねている。一方で、テルヌ広場に開かれる常設市には、新鮮な食材が所狭しと並ぶ。こだわりある食材も、このあたりの店で入手することができる。テルヌからワグラムにかけては、クリスマスの時期になるとイルミネーションの美しいエリアだ。観光スポットは特にないが、イルミネーションを楽しみに訪れる人も少なくない。

対照的に、18区に隣接する東部は、下町の庶民的な雰囲気を醸し出しており、手頃に楽しむことができるレストランやカフェが並ぶ。北側にあるバティニョール地区には、職人やアーティストのアトリエが多い。印象派の画家達を描いたアンリ・ファンタン・ラトゥールの「バティニョールのアトリエ」は、1870年の作品だ。当時、多くの印象派の画家達が、モンマルトルに近いこの地にアトリエを構えていたという。最近では、カジュアルな雑貨店やレストランが数多くオープンしている。

モンマルトルの丘が広がる18区

パリ市の北部にあたる18区にあるモンマルトルの丘は、パリで最も海抜の高い場所である。1914年に完成したサクレクール寺院のドーム部展望台からは、パリ全景を眺めることが出来る。

丘の麓には、歓楽街があり、19世紀末に最盛期を迎えた。1860年のパリ改造時に、多くの芸術家が中心部を離れ、描きたい風景を求めて、農村やブドウ畑の広がるこの地へ移り住んだことに由来する。芸術家の中には、フィンセント・ファン・ゴッホやアンリ・マティス、オーギュスト・ルノワールなどがおり、彼らはカフェに集まっては芸術論を語り合ったという。しかし、1918年の第一次世界大戦終結後は好況によって物価の上昇と高級住宅地化が進み、新たな活動の場を求めた芸術家と共に、繁栄の地はモンパルナスへと移っていった。当時のモンマルトルを舞台にした作品は数多く残されており、「ムーラン・ルージュ」の踊り子をテーマに描き続けたアンリ・ド・トゥールーズ・ロートレックの作品などが有名だ。

現在の18区は、アフリカ諸国からの移民の多い街であり、フランスとアフリカの文化の融合を感じることができる。

運河が横切る19区

19区では、ウルク運河とサンドニ運河、サン・マルタン運河が横切っている。ラ・ヴィレット貯水池とアルスナル港を約2時間30分で結ぶ遊覧船が出ており、途中で暗渠を通るが、その際にはジャズなどの生演奏が流れる。
区内には、「ビュット・ショーモン公園」と「ラ・ヴィレット公園」という二つの大きな公園がある。前者はパリ改造時にオスマンによってつくられたもので、後者はバーナード・チュミが設計し1995年に完成したものだ。共にそれぞれの時代背景を感じさせるランドスケープを見せる。

移民文化の栄える20区

20区は、物価、家賃が安く、チャイナタウンの他、ユダヤ系、アフリカ系、アラブ系など、さまざまな国からやってきた移民が街を形成している。11区と19区に隣接するベルヴィル地区がその最たる場所で、基本的にフランスの建物で構成されているものの、通りごとにそれぞれの国や地域の情緒を感じさせてくれる街並みを展開している。レストランでは、お国自慢の料理を気軽に食べることができるだけでなく、食事を楽しむ彼らの姿から国ごとの性格を感じることができる。

A／18区、モンマルトルの丘／Montmartre　B／中国総菜店／Chinese Deli Shop "UN ENDROIT DU MONDE"　C／トルコ料理店／Turkish Restaurant "EURO DONER"　D／19区、ラ・ヴィレット貯水池／Bassin de la Villette

GERMANY

ベルリン・ドイツ
BERLIN

二つの文化が入り交じり進化した都市

ドイツの首都、ベルリン。東西を分断していた壁が崩壊して、20年以上が経つ。
東西は、それぞれ特徴をもって発展を続けてきた。第二次世界大戦以前の都心部が東側のものとなり、
西側が何もない郊外を中心に発展してきたことにも由来するが、西側では新しいビル群が建ち、
ビジネスの中心地を形成している。一方、東側では古い建物が数多く残り、
そこからまた新たな文化を生み出す街へと変わっていった。
そして、東西の境界で空き地になっていたポツダム広場は、ソニーセンター(Sony Center)を始めとした、
四つの巨大複合商業施設が建ち並んでいる。
クーダム地区やミッテ地区など東西それぞれのエリアを通して、ベルリンの今を紹介する。

2006年に開業したベルリン中央駅(Berlin Hauptbahnhof)。設計はマインハルト・フォン・ゲルカンによるもの。

DEVK
VERSICHERUNGEN

1〜3．ベルリン中央駅の地下2階、南北方向に長距離線1〜8番線と地下鉄が、地上3階、東西方向に長距離線11〜14番線とSバーン（都市近郊線）15、16番線が通る。

ベルリンの交通網

ベルリンの交通網は充実しており、路線バスやタクシーの他、トラム、Sバーン（S-Bahn）、Uバーン（U-Bahn）といった鉄道が走っています。
Sバーンとは都市圏を走る近郊線のことで、ベルリンの東西を抜けるシュタットバーン（Stadtbahn）が語源です。現在、環状線を含めた15路線があります。Uバーンは、地下鉄のことを指します。冷戦時には東西をつなぐ役割を担っており、現在では10路線があります。SバーンとUバーン、トラム、路線バスの切符はすべて共通です。SバーンとUバーンは、午前0時30分頃まで、トラムと路線バスは午前2時まで運行しており、市民の足として利用されています。

McPaper
McPaper
1

KAISER'S
Montag - Samstag
6.00 - 24.00 Uhr
11-16
unwiderstehlich frisch
2

ベルリン中央駅のショッピングフロア。さながら空港の売店のようだ。ちなみに、飛行機とのコードシェアを行う鉄道があることから、IATA空港コード「QPP」を持つ。

1. 文具店／Stationery Store "McPaper"
2. スーパーマーケット／Supermarket "KAISER'S"
3. 花屋／Florists "BLUME 2000"
4. タバコ店／Tobacconist "DUREK"
5. 携帯電話店／Mobile Phone Shop "T-mobile"
6. 携帯電話店／Mobile Phone Shop "mobilcom debitel"

BERLIN・GERMANY／ベルリン・ドイツ

同ショッピングフロアの飲食店。ファストフードなど気軽に食べられるものを中心に紹介する。

1. ファストフード店／Fast Food Restaurant "ASIA-GOURMET"
2. ファストフード店／Fast Food Restaurant "Klassig's"
3. ファストフード店／Fast Food Restaurant "Obsttresen"
4. パン屋／Bakery "Kamps"
5. ジェラート店／Gelato Shop "ZANETTI EIS"

Gleis Platform/Voie	Abfahrt Departure / Départ			Gleis Platform/Voie	
4	12:17	RE 38311	B Südkreuz – Jüterbog	Falkenberg (E)	4
2	12:18	RE 38077	Erkner – Fürstenwalde (Spree)	Frankfurt (Oder)	11
5	12:25	RB 28316	B-Spandau – Albrechtshof	Falkensee	13
12	12:26	ICE 930	Hamburg Hbf – Hamburg Dammtor	Hamburg-Altona	8
13	12:29	EC 45	Frankfurt (Oder) – Poznan Gl	Warszawa Wschod	11
13	12:29	RE 92127	Blankenfelde – Rangsdorf – Zossen	Wünsdorf-Waldst	5
2	12:30	RE 92294	B-Spandau – Falkensee	Nauen	7
14	12:32	ICE 279	Braunschweig – Frankfurt (Main) Hbf	Interlaken Ost	14
13	12:34	RB 28319	B-Schönefeld ✈ – Königs Wusterhausen	Senftenberg	12
12	12:34	RB 92118	Eberswalde – Pasewalk – Züssow	Stralsund	6
11			Sicherheitshinweis: Lassen Sie Ihr Gepäck nicht unbeaufsichtigt.		
14			Security advice: Do not leave your baggage unattended.		

1

2000年、ポツダム広場に建てられたソニーセンター（Sony Center）。ベルリン国際映画祭の会場の一つでもある。設計は、ヘルムート・ヤーン。

1. 複合商業施設／
    Commercial Complex "Sony Center"
2. レストラン／Restaurant "Josty"
3. レストラン／Restaurant "Carrabaree"
4. "Sony Center" 外観／Facade

BERLIN・GERMANY／ベルリン・ドイツ

クーダム地区（KU'DAMM）の大型商業施設。カールシュタット（KARSTADT）は約130年の歴史を持つデパート。

1. ホテル／Hotel "Swissôtel Berlin"
2. ホテル／Hotel
3. スポーツ専門品店／
   Sports Shop "KARSTADT sports"
4. ショッピングセンター／Shopping Center
5. デパート／Department Store "KARSTADT"

SEIT
Leysieffer
1909
CHOCOLATERIE

1

MARMORHAUS
ZARA

2

3

SIX

4

APOTHEKE CARMER-7

5

クーダム地区に建つ物販店。ドイツの薬局のマークは、Apotheker（薬剤師）の「A」と、ギリシャ神話の健康や衛生の女神ヒュギエイアが持つ杯にちなんだもの。

1. チョコレート店／Chocolate Shop "Leysieffer"
2. ブティック／Boutique "ZARA"
3. 子供服店／Children's Clothing Store "Kleine Frösche"
4. 雑貨店／Variety Store "SIX"
5. 薬局／Pharmacy "APOTHEKE CARMER-7"
6. ファストフード店／Fast Food Restaurant "Hasenecke"
7. 売店／Kiosk

クーダム地区のレストラン。高級ブティックやホテルが並ぶ通りにあることから、それに見合うレストランも少なくない。

1. カフェ＆バー／Cafe & Bar "BAGCO"
2. カフェ／Cafe "BALZAC COFFEE"
3. カフェ／Cafe "CIVAN"
4. カフェ／Cafe
5. レストラン／Restaurant "DICKE WIRTIN"
6. レストラン／Restaurant
7. レストラン／Restaurant "MARIO"
8. レストラン／Restaurant "FOR YOU"
9. レストラン／Restaurant "mar y sol"

DICKE WIRTIN
Berliner Kindl
DICKE WIRTIN
VELTINS
SPORTSBAR
Liebe Gäste!
Wir sind von der Polizei aufgefordert worden, besonders nach 22 Uhr im Vorgarten Ruhe zu halten.
Bitte helfen Sie uns dabei.
Danke
5

Thai
6

MARIO
7

FOR YOU
vietnamese cuisine
8

9

BERLIN・GERMANY／ベルリン・ドイツ

ミッテ地区に建つ複合商業施設のハッケンシャー・ホーフ（DIE HACKESCHEN HOFE）。複数の建物で中庭を形成しており、中庭側にも店舗が連なっている。

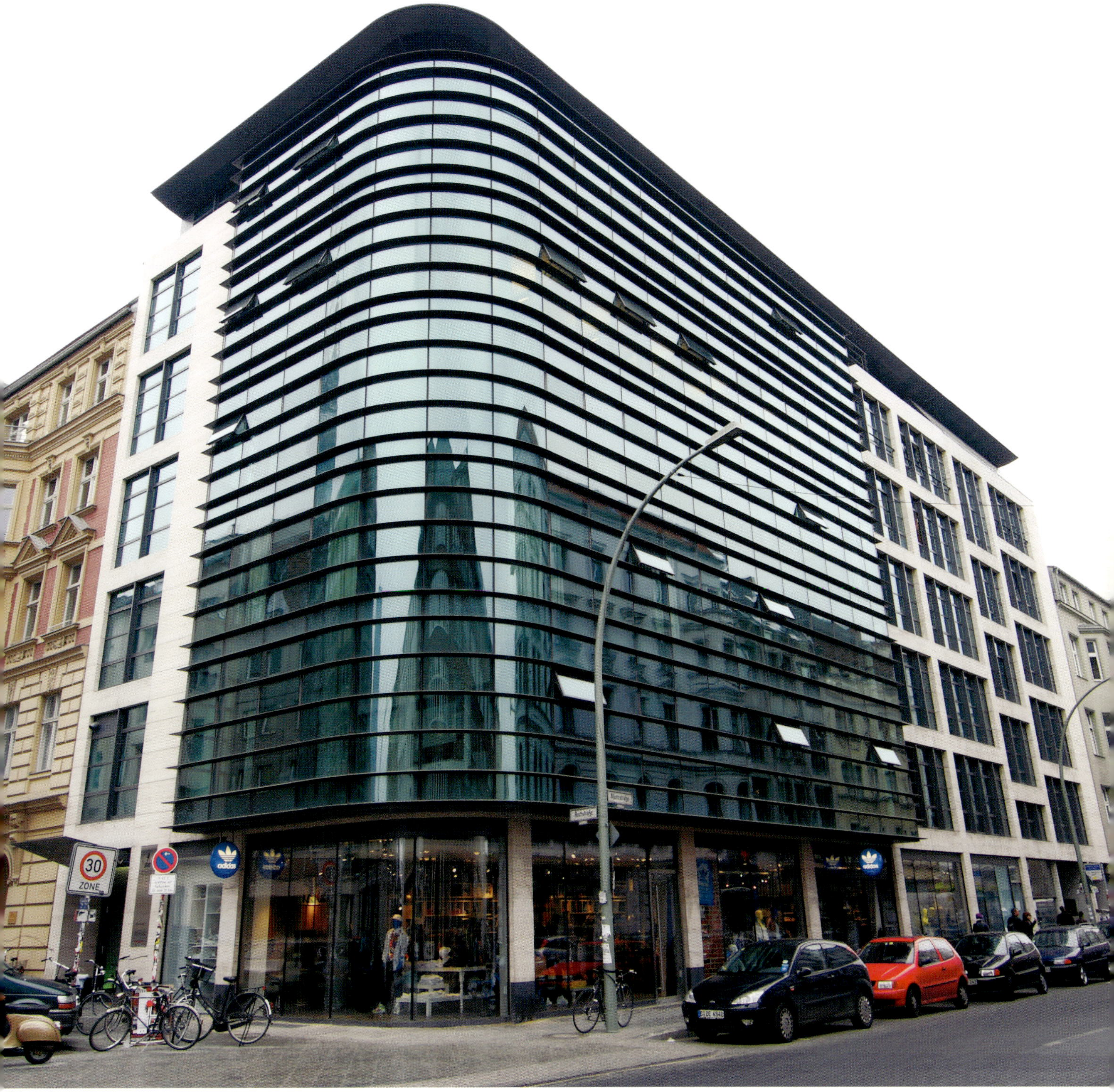
30
ZONE
adidas

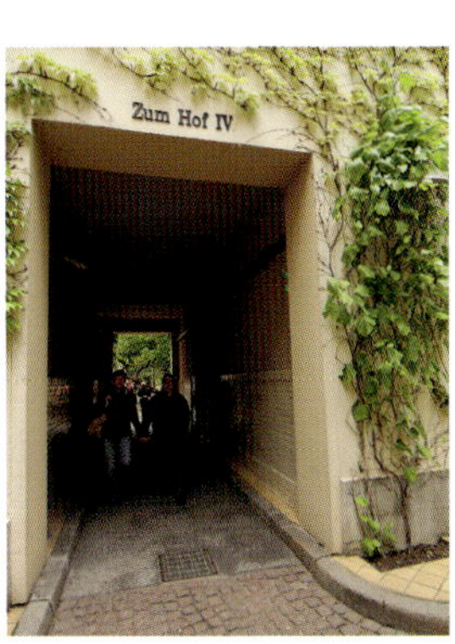
Zum Hof IV

ハッケンシャー・ホーフ内の店舗。ブティックや物販店、カフェ、ギャラリーなどが並ぶ。

1. ブティック／Boutique "arrey kono"
2. "DIE HACKESCHEN HOFE"中庭／Courtyard
3. ブティック／Boutique
4. ブティック／Boutique "JORDAN"
5. ブティック／Boutique

121

ハッケンシャー・ホーフの内部は、オスタルギー（東ドイツへの郷愁）が漂う空間が広がる。

1. 時計店／Watch Store "ASKANIA"
2. 美容室／Hair Salon "Hanleys"
3. カフェ／Cafe "CAFÉ AEDES"
4. レストラン＆バー／Restaurant & Bar "Oxymoron"

🇩🇪 ハッケンシャー・ホーフとは

ホーフ（HOF）とはドイツ語で「中庭」のことであり、複数系になるとEが付き、HOFEと表記されます。その名の通り、ハッケンシャー・ホーフは、九つの建物によって囲まれた八つの中庭で構成されています。クルト・ベルントとアウグスト・エンデルによって、ユダヤ人のアトリエ兼住居としてつくられました。そして、幾多の歴史を乗り越え、1996年に複合商業施設として生まれ変わりました。この施設の低層部には、ブティックやレストランの他、映画館やギャラリー、劇場があり、上階はアパートとなっています。中はまるで迷路のようで、建物の外観によって、それぞれ中庭が異なる雰囲気を持っていることが特徴です。

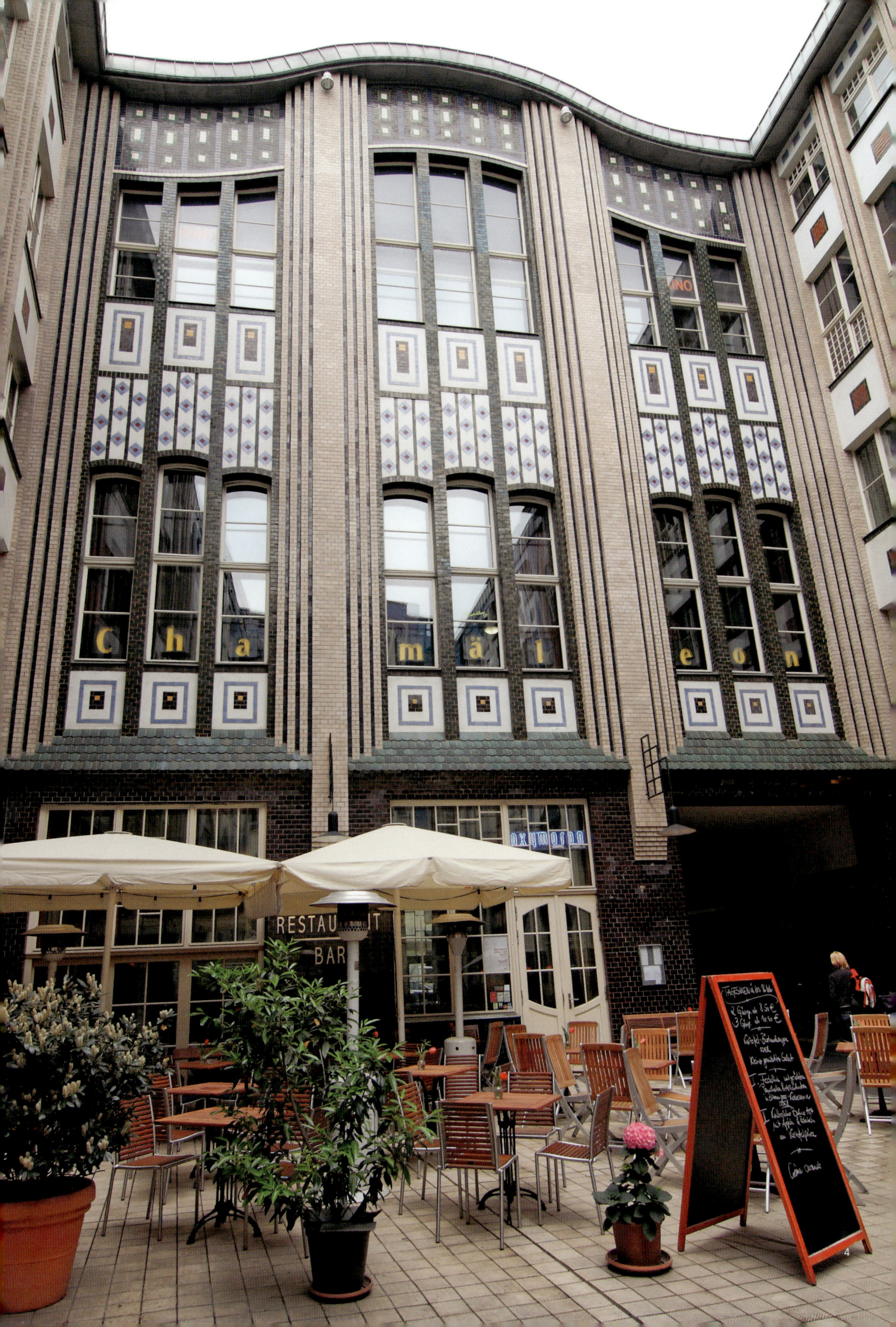

4

BERLIN・GERMANY／ベルリン・ドイツ

フリードリヒ・シュトラーセ（Friedrichstrasse）近辺の物販店。ここはかつて、東ベルリン側の国境検問所、涙の宮殿（Tränenpalast）のあった場所だ。

1. デパート／Department Store "Galeries Lafayette"
2. 雑貨店／Varirty Store "BUTLERS"
3. 食料品店／Grocery Store "Lindner"
4. パン屋／Bakery "WIEDEMANN"
5. スーパーマーケット／Supermarket "BIO COMPANY"
6. 本屋／Bookstore "Dussmann"
7. 薬局／Pharmacy "MÜNZ-APOTHEKE"
8. スーパーマーケット／Supermarket "ROSSMANN"

147
BIO COMPANY
BIO COMPANY
BIO COMPANY
demeter
5

Dussmann
das KulturKaufhaus
90
Friedrichstraße
Dussmann
das KulturKaufhaus
CD POP
6

MÜNZ-APOTHEKE
MÜNZ - APOTHEKE
7

ROSSMANN
8

BERLIN・GERMANY ／ベルリン・ドイツ

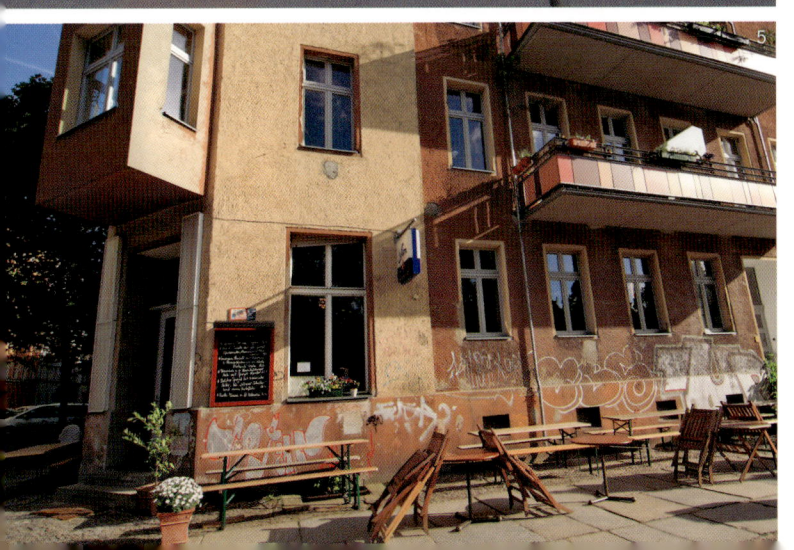

ミッテ地区の商業施設。スーパーマーケットKAISER'Sは、ドイツ最大規模のチェーン店である。

1. ショッピングセンター／Shopping Center
 "GESUND BRUNNEN CENTER"
2. 食料品店／Grocery Store "AUCH SPÄT-VERKAUF"
3. スーパーマーケット／Supermarket "KAISER'S"
4. レストラン／Restaurant "HERTHA BSC"
5. レストラン／Restaurant

BERLIN・GERMANY／ベルリン・ドイツ

ミッテ地区の店舗。トラムは、西側では廃止されてしまったため、
東側の地域のみを走行している。

1. ブティック／Boutique
2. 自動車販売店／Automobile Dealer "Volkswagen"
3. 子供服店／Children's Clothing Store "bubble.kid"
4. レストラン／Restaurant
5. カフェ＆レストラン／Cafe & Restaurant "Schnelle Quelle"
6. カフェ／Cafe "ALEXBACKSHOP"
7. カフェ／Cafe "Heidebrot Backstube"

Schnelle Quelle
5

ALEXBACKSHOP
6

borchardt RESTAURANT
7

steineckes
Café
steineckes
Heidebrot Backstube

KAISER'S
GEWERBERÄUME zu VERMIETEN
Tel: 033701/33300
VERBRAUCHER MARKT
EINGANG
EINGANG
KAISER'S
LOTTO
30
ZONE
1

LOTTO LOTTO
LOTTO
2

ALDI
ALDI
3

Der von hier
Berliner Zeitung
4

Marlboro
TABAC-BERLIN
LOTTO
LOTTO
LOTTO
LOTTO
tip
5

ミッテ地区北側の商業施設。トルコからの移民が多いことから、水タバコを用意するタバコ店も少なくないという。

1. スーパーマーケット／Supermarket "KAISER'S"
2. タバコ店／Tobacconist
3. スーパーマーケット／Supermarket "ALDI MARKET"
4, 5. タバコ店／Tobacconist
6. 複合商業施設／Commercial Complex
7. 複合商業施設／Commercial Complex
　 "SCHÖNHAUSER ALLEE ARCADEN"
8. 酒屋／Liquor Store "WEINHAUS BERLIN"
9. パン屋／Bakery "BRUNNEN BÄCKEREI"

BERLIN・GERMANY／ベルリン・ドイツ

ミッテ地区の物販店。アーティストの多い
このエリアは、1点もののアクセサリーな
どを扱う店もある。

1. ブティック／Boutique
2. 靴修理店／Shoe Repair Shop
3. 花屋／Florists
4. 自転車店／Bicycle Shop "WULF"
5. 入れ墨店／Tattoo Shop
6. 雑貨店／Variety Store "UHRANUS"

TATTOO
LOXODROM
TATTOO
PIERCING
Loxodrom
TATTOO
TATTOO PIERCING
5

UHRANUS
watches & design
6

BERLIN・GERMANY／ベルリン・ドイツ

ミッテ地区のレストラン。BALZAC COFFEEは、ベルリンの他、ハンブルグ、ハノーバー、リューベックで展開するドイツ発のコーヒーチェーン。

1. カフェ／Cafe "BALZAC COFFEE"
2. レストラン／Restaurant
3. レストラン／Restaurant "Berlinski"
4、5. カフェ／Cafe
6. レストラン／Restaurant "Himalaya"

BERLIN・GERMANY／ベルリン・ドイツ

ミッテ地区のカフェ。このエリアでは、植栽を取り込んだファサードを数多く見かけることができる。

1. カフェ＆レストラン／Cafe & Restaurant
2. カフェ／Cafe "CANTO"
3. カフェ＆レストラン／Cafe & Restaurant
4. カフェ＆バー／Cafe & Bar

Caipirinha
3,50 EUR

ミッテ地区のレストラン。PRATERは、1837年にオープンした劇場＆バーだった。現在は、ビアガーデンとしてリニューアルしている。

1. レストラン／Restaurant "HOUDINI"
2. カフェ／Cafe "IMPALA-COFFEE"
3. カフェ／Cafe "MORNING GLORY"
4. レストラン／Restaurant "ALI BABA"
5. レストラン／Restaurant "PRATER"
6. レストラン／Restaurant "Aapka"
7. レストラン／Restaurant "Bürgerstuben"
8. カフェ＆バー／Cafe & Bar "Cafe Paz"
9. パン屋／Bakery "MÜHLENBÄCK"

PRATER
5

Aapka
6

Berliner
Bürgerstuben
Gaststätte
Gaststätte
7

Cocktail-Bar
Comida Mexicana
cafe Paz
8

MÜHLENBÄCK
9

BERLIN・GERMANY／ベルリン・ドイツ

🇩🇪 アンペルマンに見る東ドイツの文化

「アンペルマン」とは、旧東ドイツの信号機に描かれている人のことです。帽子を被り、青信号時に右側へ歩き、赤信号時に両手を広げる彼らは、1961年に交通心理学者のカール・ペグラウによってデザインされました。東西ドイツの統一以降、信号機は西ドイツ側のものに統一されることになり、アンペルマンは廃止されることになりました。しかし、インダストリアルデザイナーのマルクス・ヘックハウゼンによって室内用の照明にリデザインされたことをきっかけに、保護する機運が高まり、そのまま使用されることになったのです。現在でもベルリンの東側で見かけることができ、彼をモチーフにしたデザインショップもつくられました。

ミッテ地区の売店。ベルリンでは、東西問わず、ソーセージにケチャップとカレー粉を掛けたカレーブルストが人気だ。

1. ジェラート店／Gelato Shop "EIS BAR"
2. レストラン／Restaurant "Bur Haxe"
3. カフェ／Cafe "BACKFRISCH"
4. スーパーマーケット／Supermarket "KAISER'S"
5. 売店／Kiosk "Akuna Matata"
6, 7. ファストフード店／Fast Food Restaurant
8. 売店／Kiosk
9. ファストフード店／Fast Food Restaurant

141

■■ ITALY

ミラノ・イタリア
MILAN

世界中のデザインを昇華する文化都市

イタリア北部に位置するミラノは、国内最大級の経済圏であるだけでなく、
デザインにおいて世界を代表する都市の一つである。
毎年、2月、9月にはミラノ・コレクションが、4月にはミラノ・サローネが開催され、
世界中からデザイナーやバイヤーが訪れている。また、海外からやってきた文化を柔軟に吸収し、
新たな文化を発信し続ける様に魅了され、数多くの旅行者が訪れる観光都市としての側面も持つ。
ヴィットーリオ・エマヌエーレ2世のガレリア(Galleria Vittorio Emanuele II) や
モンテ・ナポレオーネ通り(Via Montenapoleone)、スピガ通り(Via della Spiga)に軒を連ねる
高級ブティックを交えながら、ミラノの街並みを紹介する。

ヴィットーリオ・エマヌエーレ2世のガレリア (Galleria Vittorio Emanuele Ⅱ) は、1877年に建設された複合商業施設。1386年に着工し、1813年に完成したドゥオモ (教会堂) の隣に建つ。

ガレリア内には、PRADA 本店や GUCCI などイタリアを代表する高級ブティックが並ぶ。観光者向けの McDonald's も街並みに染まっている。

1. カフェ／Cafe "GUCCI"
2. ファストフード店／Fast Food Restaurant "McDonald's"
3. ブティック／Boutique "MEJANA"
4. "Galleria Vittorio Emanuele Ⅱ" を見通す

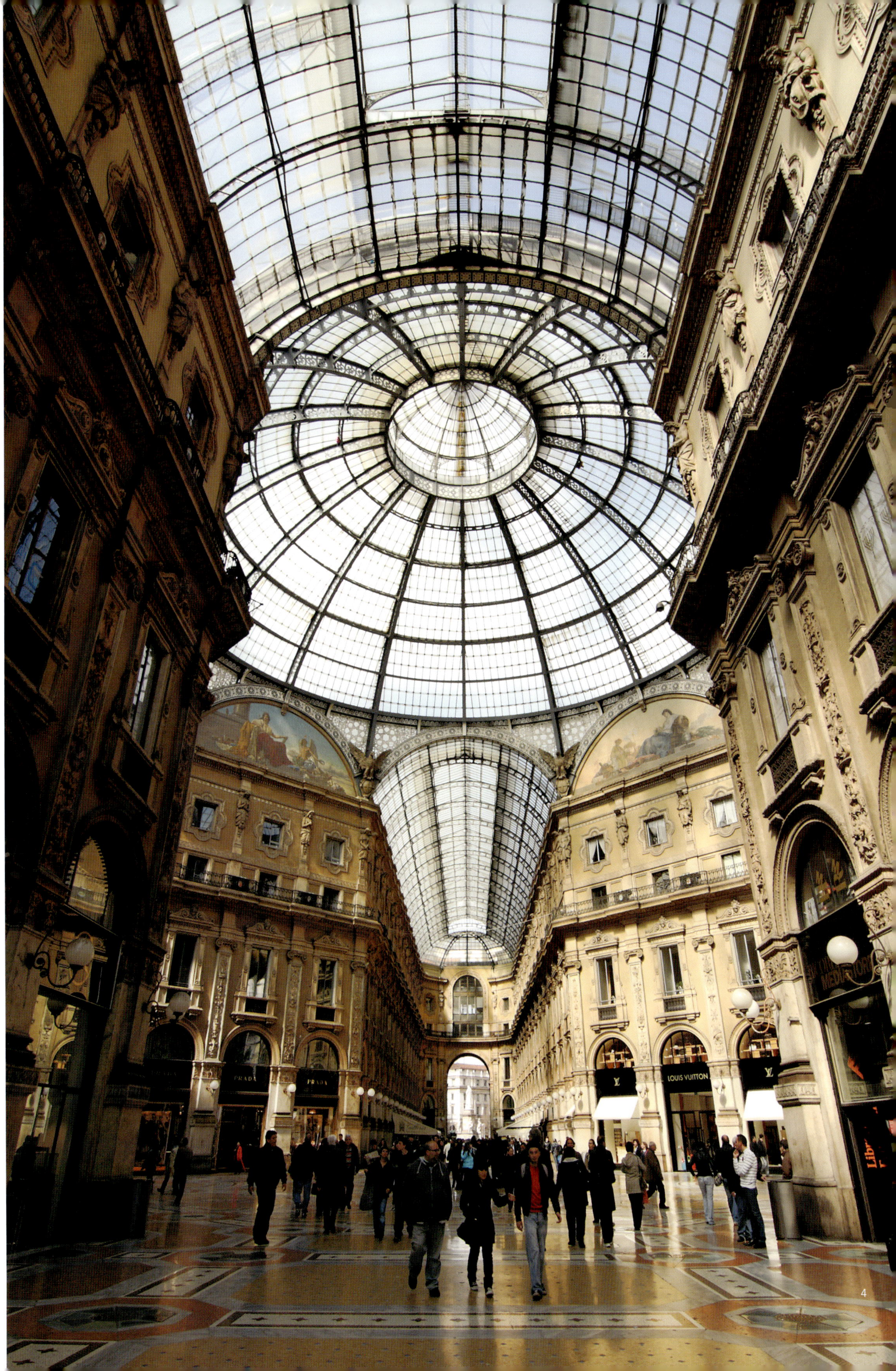
PRADA
PRADA
LOUIS VUITTON

1

PRADA本店は、ガレリア内の中央にあるガラスドームのアトリウムに面している。このドームにはLEDが施されており、夜になると青くライトアップされる。

1. ブティック／Boutique "PRADA"
2. タバコ店／Tobacconist "Moli"
3. 革小物店／Leather Goods Shop "PIUMELLI"
4. ジェラート店＆バール／Gelato Shop & Bar "COPPOLA"
5. バール／Bar "BA DEL CORSO"
6. 革小物店／Leather Goods Shop "FRATELLI PRADA"
7. ジェラート店＆バール／Gelato Shop & Bar "IL GABBIANO"
8. バール／Bar

ガレリア周辺には、内部の高級店とは対照
的なカジュアルショップが建ち並ぶ。

1．ブティック／Boutique"DIESEL"
2．バール／Bar
3．バール／Bar"TOP undici"
4．時計店／Watch Store"swatch"
5．ブティック／Boutique"Ferrari STORE"

swatch
swatch
SPRING SUMMER COLLECTION 2009
swatch
ESSERE BENESSERE
4

Ferrari STORE
PROPRIETA REALE
5

1

2

モンテ・ナポレオーネ通り（Via Montenapoleone）、スピガ通り（Via della Spiga）も、高級ブティックが並ぶエリアだ。

1. ブティック／Boutique "PAUL & SHARK"
2. ブティック／Boutique "CAVALLI & NASTRI"
3. 靴＆鞄店／Shoe & Bag Shop "FIGINI"
4. ブティック／Boutique "AGNONA"
5. ブティック／Boutique "Dolce & Gabbana"

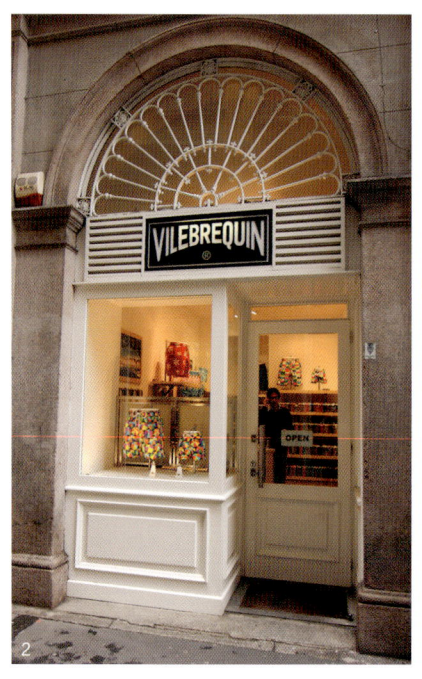

MILAN・ITALY／ミラノ・イタリア

モンテ・ナポレオーネ通りでは、ミラノ・コレクションやサローネ時にさまざまなイベントが催され、より一層の盛り上がりを見せる。

1. 子供服店／Children's Clothing Store "chicco"
2. ブティック／Boutique "VILEBREQUIN"
3. ブティック／Boutique
4. 靴店／Shoe Shop "STUART WEITZMAN"
5. ブティック／Boutique "VERSACE"
6. ブティック／Boutique

■ ミラノの街の歩き方

初めてやって来た街で道に迷うのは、当たり前のことです。迷った時は、迅速に自分の所在地を把握することが肝要です。その点、ミラノは、迷い人に優しい街と言えるでしょう。ミラノの街の交差点には、必ずと言って良い程、通りの名前が書かれています。そして、至る所に番地が書かれています。番地は通りの左右で偶数、奇数に分かれており、必ず順番に並んでいます。例えば、モンテ・ナポレオーネ通りの15番に行きたいのなら、まず交差点に出て二つの通りで現在地を把握し、モンテ・ナポレオーネ通りを目指し、通りに着いたら数が近づく方向へ歩いて行けば良いのです。ただし、地図を持っていればの話ですが。

モンテ・ナポレオーネ通り近辺には、ドリアデやカッシーナなど家具店も数多く建ち並ぶ。

1. ブティック／Boutique "Paul Smith"
2. 時計店／Watch Store "swatch"
3. 画商／Picture Dealer "CENTENARI Stampe D'Arte"
4. レストラン＆バール／Restaurant &Bar
5. カフェ＆バール／Cafe & Bar "COVA"
6. カフェ／Cafe
7. 菓子店／Confectionery

MILAN・ITALY／ミラノ・イタリア

16世紀の建物が並ぶものの、比較的新しいショップが並ぶガリバルディ通り(Corso Garibaldi)。北上するとコルソ・コモ通り(Corso Como)に続く。

1. 鞄店／Bag Shop "PAGANINI"
2. 雑貨店／Varirty Store "DON QUIJOTE"
3. ジェラート店／Gelato Shop "GARIBALDI CRÈME"
4. ブティック／Boutique "ERAL55"
5. ブティック／Boutique "WHO*S WHO"
6. 美容室／Hair Salon "ALDO COPPOLA"
7. ジェラート店／Gelato Shop "icebound"
8. ブティック／Boutique "Puerco Espin"

6

7

8

157

MILAN・ITALY／ミラノ・イタリア

ガリバルディ通りとコルソ・コモ通りに面した飲食店。

1. カフェ／Cafe "Kadetsky"
2. カフェ＆バール／Cafe & Bar
3. カフェ／Cafe "DOM"
4. バール／Bar
5. バール／Bar "Bar del Corso"
6. レストラン／Restaurant "LEROSSE"
7. カフェ＆バール／Cafe & Bar "KISS BAR"
8. レストラン／Restaurant "PANINO GIUSTO"
9. バール／Bar

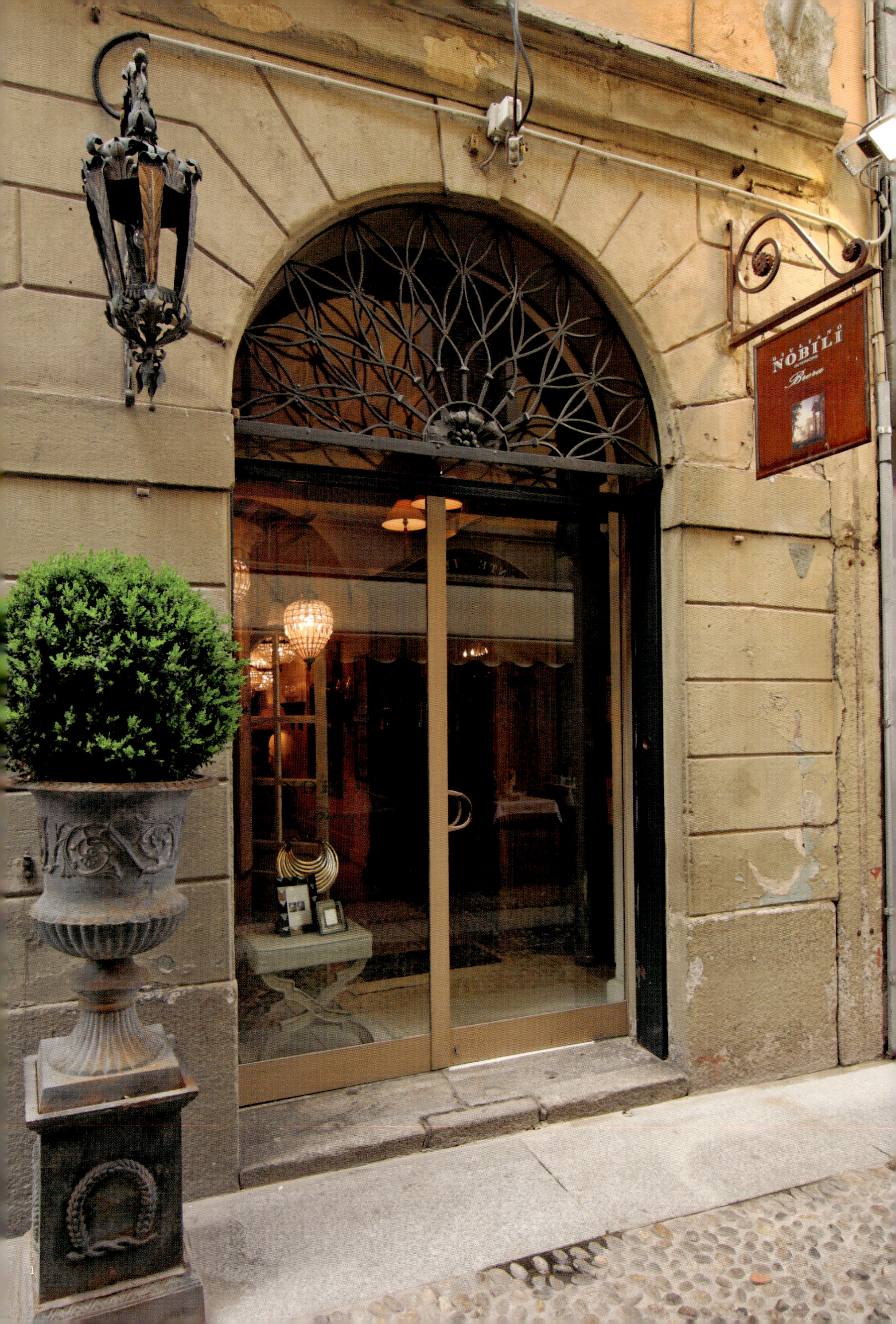

石畳のブレラ通り(Via Brera)界隈の物販店。この通りには、その名の通りブレラ美術館(Pinacoteca di Brera)が面しており、ギャラリーやアートに関する店舗が多い。

1. 家具店／Furniture Store "GIULIANO NOBILI"
2. 美容品店／Beauty Store "LUSH"
3. 化粧品店／Cosmetic Store "MAC"
4. 花屋／Florists "au nom de la rose"
5. ブティック／Boutique "lo sfizio"
6. 靴店／Shoe Shop "WALTER"
7. 携帯電話店／Mobile Phone Shop "WIND"
8. 不動産業者／Realtor "AGENZIE INMOBLIARI"

MILAN・ITALY／ミラノ・イタリア

ブレラ通りの食材店。ブレラ通りを南下すると、スカラ座に辿り着く。

1. パン＆菓子店／Bakery & Confectionery "PATTINI & MARINONI"
2. 食料品店／Grocery Store "PANETTERIA"
3. 総菜店／Deli Shop "ROSSI & GRASSI"
4. スーパーマーケット／Supermarket "diperdi"
5. スーパーマーケット／Supermarket "ENTRATA"
6. 魚屋／Fishmonger "da Claudio"
7. 総菜店／Deli Shop "SALUMERIA"

7

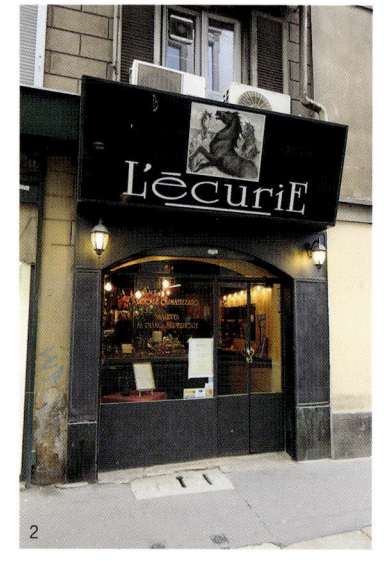

MILAN・ITALY／ミラノ・イタリア

1
2
3
4
5

ブレラ通りに面したレストラン。車道側に飛び出して、テーブル席を用意する店舗も見られる。

1. バール／Bar "Sant'Angelo Cafe"
2. バール／Bar "L'écuiE"
3～5. バール／Bar
6. レストラン／Restaurant
7. レストラン／Restaurant
8. レストラン／Restaurant "óbiká"
9. レストラン＆バール／Restaurant & Bar "BAR BRERA"

MILAN・ITALY／ミラノ・イタリア

ミラノ中央駅近くの店舗。庶民的な店が多く建ち並ぶ。

1. パン＆菓子店／Bakery & Confectionery "VAILATI"
2. 本屋／Bookstore "TESTI SCOLASTICI"
3. スーパーマーケット／Supermarket "upim"
4. 宝石店／Jewelry Shop "BLUE SPIRIT"
5. レストラン／Restaurant
6. 靴店／Shoe Shop "KEYS"
7. レストラン／Restaurant "CAMPARI"
8. ジェラート店／Gelato Shop "VITRUVIO"
9. カフェ＆レストラン／Cafe & Restaurant

MILAN・ITALY／ミラノ・イタリア

街中に溢れるタバコ店（tabacchi）とバール（bar）。イタリアの文化を語る上では欠かせない存在だ。

1. タバコ店／Tobacconist
2. バール／Bar "Lory's coffee"
3. タバコ店／Tobacconist
4. バール／Bar
5. バール／Bar "CAFFEE' BONOMI"
6. 文具店／Stationery Store
7. バール／Bar "cesco"
8〜10. 売店／Kiosk
11. 花屋／Florists
12. 売店／Kiosk

🇮🇹 バールで始まる1日

ミラノに限らず、ほとんどのイタリア人には、行きつけのバールがあります。「Bar」と書くと、イギリスのパブのように、夜にお酒を飲む場所のように見えますが、たいていのバールは朝早くから開いており、カプチーノやエスプレッソなど、朝の一杯を提供しています。
バリスタは、通勤前にやって来た常連客に、何の注文を受けることもなく、いつもの一杯を差し出します。客は、山のように盛られたジャム入りのクロワッサンなどを手に、新聞を読みながら朝のひとときを楽しむ人もいれば、さっと飲み干して仕事場に向かう人もいます。
この光景は、仕事終わりの夕方に再び目にすることができ、夜は従来のバーとして盛り上がります。

DENMARK

コペンハーゲン・デンマーク
COPENHA

北欧に華開いた色鮮やかな街並み

デンマークの首都、コペンハーゲンはデンマーク語でKøbenhavnと表記され、
"商人の(Køben) 港(havn)"という意味を持つ。約1000年から始まる歴史・文化を誇り、
現在では世界最大の海運企業A.P.モラー・マースク社が本社を置くなど、北ヨーロッパ最大の都市だ。
数多くの運河が流れるこの街には、重厚な石造りの文化財建造物が並び、"北欧のパリ"と称されることもある。
その一方で、ヨーロッパの他の都市ではあまり見られないような鮮やかな色遣いを見せるのが、この街の特徴だ。
飲食店やアンティークショップなどのカラフルな店舗が軒を連ねるエリア、
ニューハウンを中心に、コペンハーゲンの街並みを紹介する。

運河に沿って色鮮やかな木造建築が並ぶニューハウンの街並み。"新しい(Ny)港(havn)"という意味からもわかるように、1670年代と比較的最近になって建設されたエリアである。

COPENHAGEN・DENMARK／コペンハーゲン・デンマーク

ニューハウンに並ぶ飲食店。現在では観光地として知られるこの街並みに、デンマーク人童話作家のアンデルセンが魅了され、実際に住んでいた時期もあったという。

1〜7. レストラン／Restaurant

COPENHAGEN・DENMARK／コペンハーゲン・デンマーク

コペンハーゲンは、建築家のヤン・ゲールによって整備された歩行者道路網のストロイエ（Strøget）など、魅力的な街づくりが計画されている。

1. カフェ＆バー／Cafe & Bar
2. パン屋／Bakery "Naturbageriet"
3. ジューススタンド／Juice Stand "Tutti-Frutti"
4. カフェ／Cafe "Pistoler & Coke"
5. バー／Bar "STRECKERS"
6. カフェ／Cafe "The Irish Rover"
7. バー／Bar "DET LILLE ORESUND"
8. 旅行会社／Travel Agency "Tunis Rejser"

🇩🇰 コペンハーゲンの自転車事情

人口約110万のこの都市では、約3割が通勤に自転車を利用しています。朝、8時頃に街を歩いていると、川の流れのような自転車群の光景に圧倒されます。自転車とキャリアが連結されたタイプもあり、このキャリアに子供が乗っている姿もよく見かけます。
サイクリストの鞄の中には、パンク修理キットが入っているそうです。雨天にもめげることなく、ポンチョスタイルで走るのが人気のようです。無料貸し出し自転車もありますが、サドルが高く、ブレーキバーがないためペダルを逆回転させながら止まらなくてはならず、乗りこなすには少々大変かもしれません。これらの光景は、夏の時期の風物詩です。

撮影　ハギハラ イサオ　Isao Hagihara
1967年 東京生まれ
1996年 アシスタント経験後に、広告制作会社勤務
1998年 東京を拠点に、フリーランス活動を始める
2002年 パリに拠点を移す
現在、建築、インテリアの撮影を中心に、グローバルに活動
URL：http://www.pressbook.com/isao